本书获得 国家自然科学基金青年科学基金项目（项目编号：

北京工商大学商学院发展基金项目（项目编号：2060164300／）

学术衍生企业的
创新战略与创业绩效

Academic Spin-offs'
Innovation Strategy and Entrepreneurial Performance

丁雪辰 ◎ 著

经济管理出版社
ECONOMY & MANAGEMENT PUBLISHING HOUSE

图书在版编目（CIP）数据

学术衍生企业的创新战略与创业绩效 / 丁雪辰著 .
北京 ：经济管理出版社，2025. 5. -- ISBN 978-7-5243-
0369-5

Ⅰ．F279. 23

中国国家版本馆 CIP 数据核字第 2025LC6076 号

组稿编辑：谢　妙
责任编辑：谢　妙
责任印制：张莉琼
责任校对：陈　颖

出版发行：经济管理出版社
　　　　　（北京市海淀区北蜂窝 8 号中雅大厦 A 座 11 层　100038）
网　　　址：www. E-mp. com. cn
电　　　话：（010）51915602
印　　　刷：北京市海淀区唐家岭福利印刷厂
经　　　销：新华书店
开　　　本：720mm × 1000mm/16
印　　　张：11. 5
字　　　数：207 千字
版　　　次：2025 年 5 月第 1 版　　2025 年 5 月第 1 次印刷
书　　　号：ISBN 978-7-5243-0369-5
定　　　价：88. 00 元

序

　　丁雪辰的学术新著邀请我写序，我感到非常高兴。她在博士学习和博士后研究期间，都表现出了对学术研究的浓厚热情和很强的主观能动性，学习与工作都勤奋踏实，善于对实践前沿进行观察和思考，也积累了一系列较好的研究成果。

　　在当前国家创新驱动发展战略实施的关键时期，学术衍生企业作为连接基础研究与产业应用的桥梁，是国家创新系统中不可忽视的活力源泉，对国家的科技进步和区域经济发展都有着非常重要的影响。关于"如何破解我国的科技与经济'两张皮'，提升科学家创业成效"这个话题，学术界已经展开了多年的讨论。但从国际和国内来看，高校科技成果转化仍然面临许多共性问题未解决，学术衍生企业成功的概率较低，经济影响力有限，没得转、不愿转、转不顺等诸多痛点和难点突出。

　　学术界与产业界的鸿沟如何跨越？学术成果如何能成功商业化？这类企业的战略选择如何影响其创新绩效？这些问题既是理论研究的焦点，更是实践探索的难点。基于我多年的观察和走访交流，科学家开展学术创业实际上面临很多问题。对于中国科学院的衍生创业企业来说，它们大多数有着非常领先的技术，这也是国家对中国科学院及其科研院所多年支持的结果。但是这些衍生企业创立之初缺乏成熟的技术生态，从实验室研发出来的新技术要进行产业化，往往面临供应链缺失的问题，相关的材料、设备等都需要去市场上寻找，并且很难找到合适的配套技术，这既存在信息不对称，又存在适配性不足等问题，缺少的互补性资源需要重新培育，有时科研机构也缺少相关的鼓励制度。这些因素对学术衍生企业的存活和发展都产生了重要的影响。面对种种机遇和困难，企业必须思考如何能使核心技术快速产业化，如何获取所需的生态资源和互补技术。

雪辰的研究从资源观和创新生态系统理论出发，深入探讨了与学术衍生企业紧密相关的母体机构和股东的特征，以及创新生态战略对企业创业绩效的影响机制，从理论层面做出了有意义的拓展。通过分析衍生企业的创新生态嵌入行为及生态构造行为，揭示了何种创新生态战略能够加速衍生企业将其技术能力转化为更大的经济效益和技术创新成果，并深入探究了企业自身吸收能力和外部创新环境的作用。在全球化竞争与科技革命交织的新时代，高科技创业更要求创业者具备创新生态系统思维。

本书结合了国内外的文献计量研究和基于中国科学院学术衍生企业十年面板数据的实证研究，重点探究了学术创业的重要参与主体和创新生态系统战略对衍生企业创新绩效的影响机制。尽管实证数据仅考虑了中国科学院及其研究院所，未探究高校的学术创业情况，但基于连续十年数据的实证证据也非常难得，研究的理论思路独到，工作量扎实，为学术创业者在实践中设计战略路线图提供了实证依据，研究成果具有很好的借鉴意义。

我衷心希望本书能够引发广大科研人员和科技政策制定者的深入探讨与研究，共同推进科技成果转化事业和我国原创性科研成果的发扬光大。

中国科学院大学 经济与管理学院 教授

2025 年 3 月

目　录

第1章 绪论

1.1 研究背景

1.1.1 现实背景

1.1.1.1 创业趋势难挡，创业环境改善

近年来，我国越发强调自主创新的重要性，推动实施创新驱动发展战略，将企业作为创新和经济增长的重要主体（柳卸林等，2017）。学术界和企业界广泛认为，创新和创业对国家和地区的经济发展具有重要作用（Audretsch and keilbach，2004）。2015 年，国务院通过了《关于大力推进大众创业万众创新若干政策措施的意见》，提出推进大众创业、万众创新政策对于我国走创新驱动发展道路具有重要意义。2016 年，《"十三五"国家科技创新规划》明确提出，要围绕大众创业万众创新，构建良好创新创业生态。党的十九大报告指出，鼓励更多社会主体投身创新创业。建立以企业为主体、市场为导向、产学研深度融合的技术创新体系。加强对中小企业创新的支持，促进科技成果转化。2019 年，习近平总书记参加十三届全国人大二次会议福建代表团审议时强调，要营造有利于创新创业创造的良好发展环境，最大限度释放全社会创新创业创造动能。可以说，中国政府对创新和创业的支持力度位于世界前列，在国家政策的支持与鼓励下，我国掀起了创业热潮，一大批创业企业取得了优异成绩。根据世界知识产权组织发布的《全球创新指数报告》，中国近几年的创新指数综合排名不断上升，在"金砖五国"中位居第一，在所有新兴经济体中排名领先，逐渐靠近创新型国家的"第一梯队"，从 2007 年的第 64 位上升至 2023 年的第 12 位（见图 1.1）。2018 年，由清华大学发布的《全球创业观察 2017/2018 中国报告》指出，我国的

创业基础设施、市场开放度以及文化与社会规范等创业环境在不断改善，发展态势良好，中国创业活动在全球创新驱动经济体中处于活跃状态。《世界互联网发展报告2019》显示，在全球独角兽企业中，中国独角兽企业数量有92家（占比为28%），仅次于美国的159家（占比为48%），我国互联网初创企业在全球占据优势地位。胡润研究院发布的《2024全球独角兽榜》显示，美国以703家独角兽企业领跑全球；中国位居第二，拥有340家独角兽企业。创业环境的不断完善和创业政策的支持促进了我国创业企业的发展。

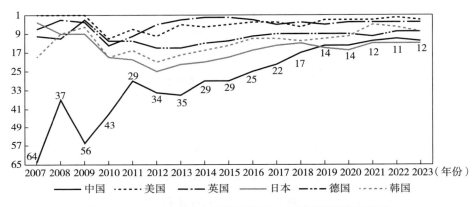

图1.1　2007—2023年中国与其他主要国家创新指数排名

1.1.1.2　学术创业在经济与社会发展中的重要性凸显

2024年3月，《国务院政府工作报告》中指出"充分发挥创新主导作用，以科技创新推动产业创新""加快推动高水平科技自立自强"。党的二十大报告提出"加强企业主导的产学研深度融合，强化目标导向，提高科技成果转化和产业化水平"。科技成果转化是加快建设现代化产业体系任务中的重要内容，近些年，我国技术转移和成果转化规模显著提升，高校院所转化合同金额快速增长，越来越多的"硬科技"公司来源于高校和研究机构实验室。

创业过程不仅会带来新的产业组织形式、新产品和新服务，还可以拉动大量就业，尤其是科技创业企业会对创新、就业、出口和区域发展有突出的贡献（荣健和刘西林，2016）。以往社会普遍认为大学的主要使命是进行科研和教学，而在知识经济时代，大学除了教学、科研等传统职能，也承载着服务区域经济发展的"第三使命"（Etzkowitz et al.，2000）。学术创业主要指的是学者将自己的科研成果通过衍生企业、申请专利及许可授权等其他创业的方式将学术研究进行商业化应用的过程（Jain et al.，2009；Grimaldi et al.，2011）。学术创业与区域经济发展关系密切，学术创业被认为是通往知识经济的重要促进元素，也是推动高科技企业衍生的核心力量（Rothaermel et al.，2007）。众所周知，美国顶尖大学斯坦福大学、麻省理工学院等在推动美国高科技产业的迅速发展中扮演了非常重要的角色，产生了著名的硅谷和 128 号公路模式，对美国在冷战后的经济转型和技术革命产生了有力的推动作用，也为美国在当时抵御日本的制造业冲击发挥了巨大的作用。当今世界上许多著名的高科技公司是由斯坦福大学的学生和教授创办的，如惠普、思科、雅虎、谷歌和英特尔等，斯坦福大学在商业界和科技界创造的辉煌成绩也是目前世界上任何一所一流大学都难以比拟的，这样的成绩被许多国家和高校效仿，也引发了学术界与业界的深刻思考与借鉴。

作为创新创业的重要形式之一，在"大众创业、万众创新"以及科学技术与产业发展断层的背景下，学术创业成为破解我国经济发展不平衡问题的重要方式。科技型创业在科技成果转移、转化，推动我国建设成为创新型国家，实施创新驱动发展战略的过程中发挥着重要作用（谢雅萍等，2018）。大学衍生企业作为学术创业的重要形式之一，是我国国家创新体系中参与推动科技创新的一项重要制度安排（张晨宇和白朴贤，2019）。为了促进我国科技成果转化、加速科技进步，我国于 1996 年颁布了《中华人民共和国促进科技成果转化法》（以下简称《转化法》），1999 年又发布了《关于促进科技成果转化的若干规定》，进一步鼓励科研机构和高校等科研人员进行科技成果转化。2015 年 5 月，国务院办公厅印发了《关于深化高等学校创新创业教育改革的实施意见》，旨在推动创新创业教育和制度改革，鼓励学者创业。2015 年修正的《转化法》指出，鼓励研究开发机构、高等院校采取转让、许可或者作价投资等方式，向企业或者其他组织转移科技成果。2017 年，中国科学院为促进科技成果转移转化设立了专项基金，通过聚焦先进科技成果，推动新技术和新产业蓬勃发展。商业化被认为是产生学术影响的主要方式，是对学术研究成果市场接受度最直接、可量化的衡量。高校和科研院所是推动科技创新的重要力量，实验室产生的科技成果只有转化为生产力才能真正实现价值（聂常虹和武香婷，2017）。笔者根据 2010—2022 年《高等学校科技统计资料汇编》整理了高校技术转让合同总额和数量，如图 1.2 所示，在高校技术转让主体中，民营企业占大多数，其次是国有企业，并且高校的技术转让合同数额大规模增长。

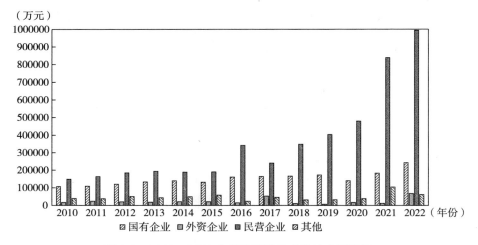

图 1.2　2010—2022 年我国高校技术转让合同总额

　　国外已有研究发现，许多高水平创新型部门都获益于高校研究成果，如机器人、电子信息技术、生命科学的发展等。与此同时，我国高校科技产业规模不断增长，涌现了北大方正、东软集团、科大讯飞、复旦复华等一批能力很强的科技型衍生企业。在中国科学院范围内，涌现出了近千个衍生企业，其中不乏规模大、盈利高的企业。中国科学院计算技术研究所的龙芯、曙光以及在人工智能芯片领域领先的寒武纪科技，大连化学物理研究所研究的 DMTO 技术等为我国科技发展作出了重要贡献。高校明确了学术创业的重要性，《中国普通高校创新能力监测报告 2017》显示，在科技部等联合调查的 1762 所高校中，有超过 570 所高校建立了专门的技术成果转化与扩散机构，2015 年高校作为卖方在技术市场签订的技术转让合同高达 5.7 万项。2016 年，中国科学院科技成果转移转化帮助各类企业新增销售收入 3831 亿元，利税达 472 亿元，其中使 12 个省份的地方企业在当年新增销售收入达到 100 亿元以上，使 71 个地级市的企业新增销售收入 10 亿元以上，为企业发展和区域经济增长做出了较大贡献。大学对产业界的技术转移一直以来都是中国经济自主创新能力的关键，在众多高校与科研机构中，中国科学院是我国科技成果转化产出的主力军，自 20 世纪末起就与其直属研究院所等率先成立技术衍生企业，致力于科技成果转化并取得了显著的成绩（任荆学等，2013）。表 1.1 展示了我国高校及科研院所代表性衍生企业的相关信息。

表 1.1 我国高校及科研院所代表性衍生企业的相关信息

企业代表	依托母体	成立年份	核心技术和成果	上市信息
联想集团	中国科学院计算所	1984	PC 机的生产和改进	港股联想控股 HK.03396
复旦复华	复旦大学	1986	软件开发、生物医药、园区房产	A 股复旦复华 600624
北大方正	北京大学	1992	汉字信息系统处理、激光照排	A 股方正证券 601901
东软集团	东北大学	1991	软件技术、IT 解决方案与服务	A 股东软集团 600718
同济建筑设计研究院	同济大学	1995	工程设计、技术咨询	未上市
科大讯飞	中国科学技术大学	1999	语音及语言、自然语言理解、机器学习	A 股科大讯飞 002230
紫光数码	清华大学	2006	供应链综合服务网络	未上市
中科曙光	中国科学院计算所	2006	高性能计算机、通用服务器	A 股中科曙光 603019
寒武纪科技	中国科学院计算所	2016	智能芯片技术	科创板
中科视拓	中国科学院计算所	2016	计算机视觉、人脸识别	未上市

资料来源：笔者整理而成。

1.1.1.3 科技成果转化和衍生企业发展面临的挑战

科技成果转化的主要方式是技术许可协议和衍生企业两种（Macho-Stadler and Pérez-Castrillo，2010）。从国际和国内来看，高校科技成果转化面临着许多共性问题。尽管目前一些大学在衍生企业的发展方面取得了一定的成就，但是培育的衍生企业数量仍然有限（O'Shea et al.，2005），并且这些衍生企业成功的概率较低，主要是由于脱离母体学校之后，衍生企业成立之初往往面临着资金短缺、管理技巧与市场经验的匮乏等问题（Oakey，2003）。Wennberg 等（2011）发现公司衍生企业在存活率和成长率方面比高校衍生企业的绩效更好，因此政府政策可能聚焦于如何激励产生更多的公司衍生企业，这更加不利于高校衍生企业的发展。学术创业者面临"学者"与"创业者"的身份矛盾和社会各方的重重压力，需要处理好学术产出和商业产出之间的关系（Ambos et al.，2008）。此外，科技成果的产权问题是阻碍科研人员进行成果转化的重要因素，获得国家政府或学校资金资助的项目研究成果的产权不属于个人，导致研究人员的创新动力不足。虽然美国1980年颁布的《拜杜法案》从一定程度上缓解了科研成果归属权的问题，但是高校的科技成果转化和衍生企业的健康发展仍然面临重重阻碍。

与此同时，学术创业在各国也面临着一些个性问题。改革开放以来，我国对科研创新的重视程度不断提高，对科研人员的激励也越发重视，我国高校和科研院所的论文发表数量和专利申请数量也在逐年增多，位于世界前列。2022年，中国热点论文数量居全球第一，自然指数领跑全球，PCT专利申请数世界第一，显示出我国前沿科技成果的存量优势和高校与科研机构的高水平科研能力。然而现实情况是，我国高校的科技成果转化率虽然近些年有增长趋势，但整体水平都很低，与发达国家相比有较大差距。美国、日本的科技成果转化率可以达到80%，英国、法国、德国等的科技成果转化率也有60%，而我国科技成果转化率还不足20%（任荆学等，2013）。2021年，我国高校发明专利产业化率仅为3.9%，与发达国家相比差距较大（李美桂等，2020）。我国学术衍生企业存活率较低，许多企业仍然面临成长动力不足、陷入债务危机或成长停滞等困境（李雯和杜丽虹，2020）。因此，厘清提升学术衍生企业科技成果转化率，尤其是其创生后的技术商业化的微观机制至关重要。

除了中国，其他国家和地区的大学衍生企业发展情况和预期也存在一定的差距。清华大学发布的《全球创业观察2017/2018中国报告》指出，近些年我国创业活动的质量不断提高，但是高技术创业比例仅为3%，与发达国家相比仍然落后，创业活动的创新含量有待提高。大学对产业界的技术转移一直以来都是中国经济自主创新能力的关键，技术衍生企业作为高校成果转移转化的重要形式，发挥着重要作用。但是在很多地区，企业的吸收能力水平还非常低，制度背景也约束了专利和授权的可能性（Kroll and Liefner，2008）。学术创业者缺乏产业和市场相关知识，无法识别商业机会也不善于吸引风险投资等外部投资者，一大批创业企业在创立四五年之后便倒闭了，想实现可持续盈利更是难上加难。高校衍生企业的自主创新能力实际上并不乐观，没有显现出较强的技术优势（贾一伟，2012）。

目前，我国大多数的科技成果都掌握在高校及科研院所手中，但是它们并不清楚技术面临的市场，科研成果的发表要求具有很高的创新性，但是往往这些成果距离市场化应用都比较远。同时，我国高校对教师成就和工作绩效的评价，往往关注是否有高水平论文发表、是否获得国家和地方经费支持等，而对研究成果是否具有市场价值等并没有成熟的考评体系和激励政策。面临日益激烈的国际科技竞争，如何加强科学研究与产业创新的转化和协同，实现关键核心技术突破，是亟待解决的重大问题。

1.1.2 理论背景

1.1.2.1 学术创业研究兴起，中国情境未受到学界足够关注

20世纪90年代末开始，创业研究发展十分迅速，在管理学研究领域逐渐成为主流（张玉利等，2014）。越来越多的基于技术经济发展的实践将注意力放在如何促进高校的技术创业上（Lockett and Wright，2005；Siegel et al.，2003）。其中，大学和科研院所的学者创建新企业，即我们所说的学术创业，作为实现知识创新和新知识商业化的有效途径，成为技术发展和经济增长的重要引擎，其相关研究受到了学术界和社会越来越多的关注，是技术创新和创业管理领域的一个新兴研究方向（Djokovic and Souitaris，2008；Wright et al.，2007）。作为高校和科研院所等将新知识、新技术等科技成果转化为生产力而创办的企业组织，学术衍生企业是科技成果转化的重要形式和桥梁，对区域经济和国家创新发展的重要性不言而喻。

从1980年美国国会通过《拜杜法案》开始，大学和科研院所的技术成果产业化得到了空前发展，专利申请、许可以及创业现象大幅增长，研究实验室和校园中的技术扩散得到了增长，产生了大量大学衍生企业，学术创业相关的研究也开始增多。自此，学术创业就吸引了来自创业、技术创新管理及战略管理领域的学者对其进行研究。同时，经济学、社会学、政治科学等社会科学领域及公共政策领域的学者也对学术创业的相关研究做出了贡献。学术创业相关研究就在各个层面开始进行，包括系统层面、大学层面及创业者个体层面（Grimaldi et al.，2011）。研究方法也逐渐成熟，从问卷调研、案例分析到实证研究和文献计量等。传统的研究视角从衍生企业的经济回报、专利许可、大学相关的政策设定等方面开展了一系列研究，也取得了丰硕的研究成果。随着有关学术创业的相关研究逐渐成熟，信息技术的不断发展，相关研究视角也得到发展，Siegel和Wright（2015）提出了对学术创业的再思考，认为学术创业应当更加关注大学和衍生企业产生的社会效益、生态系统的建设以及为区域带来的就业创造等问题，学术创

业主体从学者个体逐渐发展为校友、在校生、相关部门的员工等。随着数字时代的到来，云计算、3D打印、人工智能等为学术创业提供了新的方法，又有学者提出了数字学术创业的新思考框架（Rippa and Secundo，2019）。学术创业相关研究还存在相当多的机会和主题。与此同时，我们也发现越来越多的创业研究开始强调情境因素的作用（Autio et al.，2014）。目前已有的学术创业相关研究大多针对发达国家的情境，忽略了新兴市场作为创业情境的学术创业问题。国外研究大多以美国、英国、日本等国家的样本为主，国内有关学术创业的研究也多是在学习发达国家现有的学术创业经验和启示，探究如何学习现有成功案例以构建创业型大学，主要以概念性研究为主。但发展中国家在不具备相似制度环境的情况下能否通过模仿发达国家的战略建立创业型大学并促进衍生企业的发展仍然存在疑问（Fischer et al.，2019）。尤其是在发展中国家进行追赶的情境下，大学研究人员具备相应的产业知识至关重要，高校经常因为商业化合作企业的吸收能力太差而承担着超出实验室创新以外的相关工作（Eun et al.，2006）。对于处在经济转型期的中国，面临制度不完善、知识产权保护意识不强、成果转移转化产权分割等问题，学术创业企业的发展和战略思维更加值得我们深入思考。学术创业研究应当探索学术创业在新兴国家经济和社会发展过程中的重要性（González-Pernía et al.，2013），以新兴国家为研究主体开展学术创业研究是十分有必要的。

1.1.2.2 创新生态系统研究逐渐成熟，系统思维成为创业企业竞争优势

随着互联网的兴起，企业创新活动中参与者的边界变得模糊，与传统的线性创新模式不同，创新主体之间的联系变得更为快速和紧密，创新也从传统的以制造商为主导转化为用户、供应商、制造企业和规制部门等多个利益相关者共同参与完成的活动。从政策领域来看，美国、日本等国家和欧盟等地区在其报告中都主张基于生态系统的概念制定创新政策，我国《关于大力推进大众创业万众创新若干政策措施的意见》也指出，应将建立和健全创业创新的生态环境作为重点。作为宏观政策工具，创新生态可以影响国家科技和经济发展的战略规划（OECD，2010）。我国在建设科技强国的进程中也需要具有创新生态系统观（柳卸林等，2018），从供给—需求—制度的科技创新生态系统观出发。

全球化进程的不断推进以及网络信息技术快速发展的今天，创新已经不只由单一企业完成，大数据和平台等数字技术使供应商、用户、竞争对手等都能更高效地参与到创新的过程中。因此，企业的竞争已经不是建立在单一企业间

或产品间的竞争，而是转变为产业链、平台、创新网络和生态系统之间的竞争（Gomes-Casseres，1994）。传统竞争优势理论面临新环境的挑战，解读企业竞争战略的理论逐渐从产业经济学（Porter，1980）、知识基础观（Barney，1991），转向更符合数字时代背景的创新生态系统观（Adner，2017；Jacobides et al.，2018）。传统的战略思维和组织形式难以满足快速变化的环境和高度不确定性的市场需求，创新生态系统这一形式是在企业之间可以快速建立联系，获取发展动力和资源，也同时面临更复杂的市场环境和更激烈的市场竞争背景下出现的（Adner，2006）。创新生态系统强调了创新活动的复杂性、动态性和非线性，是对已有的创新系统、协同创新、合作创新等理论（Autio and Thomas，2014；Gawer and Cusumano，2014；Teece，2006）的进一步整合和升级，是一种新的创新范式，创新生态系统视角已经改变了原来竞争的概念，强调核心技术和互补技术的相互依赖，甚至互补技术可以改变核心技术的演进（Adner and Kapoor，2010，2016）。许多企业开始从传统的产业视角转变为制定生态系统战略计划（Adner，2017），例如，Intel、IBM、Cisco 等企业选择创新生态的战略参与市场竞争。尤其是在数字化时代，许多企业采用平台战略，与上下游互动构建生态进行创新成为趋势（丁雪辰和柳卸林，2018）。创新生态系统的内涵、类别和构成要素等基本问题和相关研究正逐渐成熟并广泛用于指导社会各界的创新实践，为中小企业提供了发展机遇。

大学和科研院所在创新生态系统中扮演着重要角色，除了培养人才和发展技术，它们也逐渐与企业、政府共同参与到经济发展活动中（Heaton et al.，2019）。大学被称为经济增长的引擎，大学衍生的创业企业对经济产生的影响非常重要。学者从区域角度分析发现硅谷、中关村科技园等区域的发展也得益于其创新生态，对于资源稀缺和市场化知识缺乏的学术衍生企业而言，死亡率很高的一个重要原因在于其脱离了母体机构以后需要融入或构建完善的生态。成功的技术创新需要企业关注合作伙伴以及潜在的市场需求，并与自身的发展紧密结合起来（Adner，2006），但现有研究大量地关注以个体为主的生态系统和特征，忽略了学术生态系统的战略和系统概念（Hayter et al.，2018）。近年来，越来越多的研究强调情境的重要性，并从生态系统的视角来解读创业绩效的复杂性（Autio et al.，2014）。数字化时代的创业更要求创业者具备创新生态系统思维，不仅要满足消费者的需求，还要实现生态互补者的利益诉求和整个生态系统的协同发展。充分考虑技术因素、商业模式、网络效应及风险投资，获得所需的创业创新资源，并与生态系统内的其他主体形成利益共同体是创业企业形成竞争优势并实现成功的关键。

1.2 研究问题与研究意义

1.2.1 研究问题的提出

目前，无论是理论研究方面还是实践政策方面，学术创业问题都受到越来越多的关注，但相关的文献数量有限，基于中国高校和科研院所衍生企业的实证研究也非常稀少，存在巨大的理论缺口和探索潜力。考虑到学术创业是一个动态性的、多层次的生态系统，由个体、组织和制度环境等各主体参与（Hayter et al.，2018），需要衍生企业自身和外部环境的协同来推动，因此笔者认为，学术创业的相关研究应当从生态系统的角度出发来进行，同时考虑衍生企业的母体机构、衍生企业自身能力基础以及创新生态战略的影响机理。根据已有的背景和相关文献回顾，针对现有研究不足，笔者在资源基础理论、资源依赖理论和创新生态理论的指导下，围绕"母体机构—创新战略—企业绩效"的关系，设计了三个子研究，并提出了一系列研究问题：第一，近30年来，国内外学术创业相关研究的进展和未来趋势如何？国内外研究主体和研究内容有何变化和差异？第二，衍生企业的母体研究机构特征和股东特征对衍生企业的创新行为和企业发展有何种影响？影响机制是什么？第三，鉴于衍生企业已经处在其母体机构所构建的生态系统中，衍生企业自身的技术能力对企业绩效是否有影响？衍生企业是否可以选择再嵌入其他生态环境？不同的环境特征对其发展和成长产生何种作用？第四，除了嵌入已有的生态系统作为战略选择，衍生企业是否可以主动构建生态系统？构建生态系统是否会对衍生企业创业绩效产生影响？会受到什么因素的影响？

1.2.2 研究意义

高校和科研院所是衍生企业创业的最直接推动者，而衍生企业是有助于实现科技成果转化的重要机制之一。研究高校和科研院所衍生企业的发展和各种因素的影响机制对深化高校和科研院所改革、促进学术创业的发展，以及我国科技成果转移转化具有非常重要的理论价值和实践意义。本书将立足于新兴经济体，在中国情境下从生态系统视角研究影响衍生企业发展的战略和因素，这也是本书最主要的预期贡献。

首先，从研究内容上看，本书对近 30 年来国内外学术创业领域的相关研究成果进行了全面系统的文献计量分析，对国内外研究现状有充分的把握和理解。因此，本书立足于中国情境，选择中国科研院所的衍生企业作为实证研究样本，将母体机构、衍生企业、生态环境三个层面的特征纳入一个研究框架，而不是单一考虑环境因素，这使本书的研究更具有系统性，丰富了学术创业的相关研究。

其次，从研究视角上看，本书的理论贡献在于将创新生态系统理论视角引入学术衍生企业技术成果转化的情境，从理论视角层面丰富了学术衍生企业创新绩效的边界条件。从衍生企业的创新行为和创新战略出发，探索性地考察了衍生企业创新行为和创新战略之间的交互影响，在考虑了衍生企业自身的知识基础和技术能力的基础上，创新性地区分研究了营造生态战略和嵌入生态战略对衍生企业创业绩效的影响机理，这是对研究视角的一次突破和尝试。

再次，从研究数据和方法上看，本书与常规的使用调查问卷或案例研究对衍生企业的相关问题进行调查研究不同，本书结合对衍生企业的一手调研数据和二手数据，用连续十年的长面板数据，更加综合、客观、连续地对衍生企业进行了研究，纵向面板追踪数据得出的结论更具有普适性。同时，已有研究大多采用高校衍生企业数据，而本书利用中国科学院研究院所的衍生企业展开研究，数据具有特殊性和唯一性，这也是本书的一个创新之处。

最后，从实践上看，科技成果转化是实施创新驱动发展战略的重要抓手，支撑我国经济高质量发展的有力引擎。高校与科研院所的衍生企业是实现科技成果转化的重要机制之一，在实现科技自立自强的战略使命中承担着重要使命。本书对高校与科研院所的创新创业实践具有指导意义，也为各利益相关者实施创新战略、制定科技政策提供了参考。具体地，本书拓展了技术型创业的战略逻辑，为我国衍生创业企业如何实现内外部资源整合，进行生态环境选择和制定发展战略提供了启示和建议，对于学术创业者攻克挑战、制定企业发展战略和维持企业长期竞争优势提供了思考和借鉴。同时，也为国家和区域科技创新政策的制定和创新创业生态系统的建设提供了一定的参考，对区域经济发展和我国科技成果转移转化的推动意义重大，也为建设创新型国家提供了支撑。本书为如何破解科技与经济"两张皮"、提升我国当前积累的高质量研究成果向现实生产力转化的效率、尽快突破关键核心技术、解决"卡脖子"问题等提供了有益的思路。长期以来，在我国国家创新体系中，科技发展存在科学研究与技术创新脱节、科技经济"两张皮"的现象明显（柳卸林等，2017）。面临大量的前沿科技成果存量，如何与产业需求更好地对接、尽快盘活高质量专利对更好地服务实体经济发展具有重要的现实意义。

1.2.3　关键概念

1.2.3.1　学术创业

大学为了实现其创业创新及服务区域经济的目标，会通过产业合作、专利申请、创办衍生企业、对个体进行创业教育，以及创建商业孵化器等工具展开活动（Shane，2004a；Siegel and Wright，2015）。已有研究对学术创业的主要视角和概念做了总结，如表 1.2 所示。

表 1.2　学术创业的主要视角和概念

学术创业视角	学术创业概念	作者
第三使命相关活动	学术创业指从三螺旋视角来看，与高校第三使命有关的所有大学活动。第三使命指商业导向的活动，解决了大学创业方面的问题	Etzkowitz 和 Leydesdorff（2000）；Etzkowitz（2003）
大学创业活动	以期通过创建初创企业和衍生企业使教师的研究成果商品化的所有活动	O'Shea 等（2005）
大学创业企业	学术创业是创业活动中一种风险较高的形式。因为其围绕大学开发的技术或向小型私企许可而组建初创公司，而不是通过与大型上市公司合作的传统商业化途径来发展	Powers 和 McDougall（2005a）
大学创业	学术创业指大学可以参与任何创业活动，包括但不限于以下活动：专利、许可、创建新公司、通过孵化器和科学园促进技术转让以及促进区域经济发展	Rothaermel 等（2007）
创业型大学活动	学术创业需要高等教育机构中企业家精神的组织。创业型大学被认为是具有创业精神的组织	Gibb 等（2009）
以区域发展为目的的产业—大学关系	学术创业在创业型大学中被广泛接受，包括基于高科技研发的创业活动和技术转让。政府和管理者以系统的方式进行支持，是大学与产业建立关系的一种组织机制	Zhoa 和 Peng（2008）

学术创业视角	学术创业概念	作者
大学衍生企业	大学衍生企业在大学环境中启动并以大学开发的技术为基础的新企业。这些企业通常会将研究成果商业化并且在大学内部实施商业化的过程	Rasmussen 等（2011）
学术创业作为过程	学术创业是一个连续过程，包括以下阶段：①创新披露和知识产权保护；②识别并确保行业伙伴合作关系；③商业化机制的选择，是通过技术许可协议还是建立全新业务（衍生企业）来实现；④商业化	Wood（2011）
学术创业模式	发展学术创业的许多新机会包括加速器、创业车库、面向学生的商业计划竞赛、与行业和校友的合作网络、员工流动及公私营的孵化器	Siegel 和 Wright（2015）；Audretsch（2014）

资料来源：Rippa 和 Secundo（2019）。

已有研究对学术创业和衍生企业的概念通常限定在高校中，而对于独立的科研院所来说，其进行学术创业的本质是相同的，学术创业和衍生企业的概念同样适用。因此，在本书中，学术创业（Academic Entrepreneurship，AE）的概念和大多数学者提出的保持一致，主要指的是学者将自己的科研成果通过衍生企业、申请专利及许可等其他创业的方式将学术研究进行商业化应用的过程（Jain et al.，2009；Grimaldi et al.，2011），一般由曾经在实验室或者技术生产部门工作的学者创立新的企业来实现（Abreu and Grinevich，2013，2017）。

进行创业的学者通常被称为学术创业者（Academic Entrepreneurs）（Balven et al.，2018）。起初学术创业者大部分是学术科学家和高校的教授等，随着制度的完善和创业壁垒的减小，学术创业的范围逐渐扩大，参与学术创业的主体越来越多样化，因此学术创业者涵盖的范围越来越广，可以是在校学生、博士后、教职工及校友等（Siegel and Wright，2015）。

1.2.3.2 衍生企业

衍生企业可以分为公司衍生企业（Corporate Spin-offs，CSOs）和大学衍生企业（University Spin-offs，USOs）。一般认为，公司衍生企业指的是曾就职于母体企业的员工离职后创办的创业型企业（Agarwal et al.，2004）。公司衍生企业可以直接获得母体企业的资源支持，也可以是创业者直接离开企业自主创业，以个体掌握的创业资源或者其他企业的资源为主，而不是建立在母体企业的支持之上。

大学衍生企业是学术创业的一种重要途径，也是衍生企业的另一种分类，其概念自诞生以来就被许多学者使用，尤其是在硅谷和"128号公路"的快速发展后，基于斯坦福大学和麻省理工学院的许多衍生企业得到了学者的关注，但是如何定义衍生企业一直以来都很模糊（Pirnay et al.，2003）。此外，不同的学者对大学衍生企业创始人的理解不同，Steffensen（2000）将创始人局限于大学雇员，McQueen（1999）则将这个范围扩大为大学教师或学生，后来也有学者认为大学衍生企业的创始人可以是教师、研究人员、在校学生甚至是毕业生（Rippa and Secundo，2019）。Pirnay等（2003）提出，大学衍生企业（USOs）指的是以商业化开发大学所产生的知识、技术和研究成果为目的而建立的新企业。这类企业具备两个主要特征：一是企业创办者必须是大学的雇员，二是大学可以为企业的生存提供关键技术（Steffensen et al.，2000）。

已有研究将学术创业和衍生企业的概念通常限定在高校中，而对于独立的科研院所来说，其进行学术创业的本质与高校是相同的，也同样适用学术创业和衍生企业的概念。对于科研机构来说，同样存在为将其产生的知识、技术和成果进行商业化而建立的新企业。科研院所的衍生活动也是整个学术创业的重要组成部分，与高校衍生企业本质上是相同的。因此，根据高校衍生企业的定义，科研院所衍生企业指的是以商业化科研院所所产生的知识、技术和研究成果为目的而建立的新企业，这些企业由科研院所的研究人员创办，企业以科研院所为母体机构，科研院所可以为衍生企业提供相应的技术和资源支持。本书将范围限定在科研院所对创业企业进行投资，存在股权占比的情况。

1.3　研究方法与技术路线

1.3.1　研究方法

本书将结合资源基础观、资源依赖理论、吸收能力理论和创新生态视角等，采用多元化的研究方法，结合定性研究与定量分析法对上述研究问题进行探讨。

按照"What—Why—How"的逻辑对研究问题进行实证检验。具体采用的研究方法如下：

1.3.1.1　规范分析

本书通过对国内外相关文献数据库和权威管理学期刊进行长期跟踪和检索，查阅了学术创业、衍生企业、创新生态系统等相关文献和专著，进行了系统深入的回顾与分析，了解了国内外最新理论和实证研究进展。在借鉴相关研究成果，总结已有研究不足的基础上，提出了本书的理论架构和研究假设。

1.3.1.2　文献计量方法

本书采用定量的文献计量分析方法，利用社会网络分析将文献之间的关系进行测度和可视化。通过收集来自 Web of Science（WoS）和中国知网（CNKI）数据库中的文献数据，使用 CiteSpace 软件检索文献关键词，分析文献的发表作者、国别、期刊来源和关键词演变，更直观地了解国内外学术创业相关研究的热点和趋势，为我国学者开展学术创业相关研究提供依据，并且辅助本书提出相关研究问题。

1.3.1.3　计量经济学研究方法

根据样本的数据类型，本书运用 Stata 软件等，在描述性统计分析和相关性分析的基础上，采用多层线性回归方法、面板负二项回归、均值 T 检验、图像分析等，考察变量之间的调节效应和中介效应机制，通过 Hausman 检验选取模型估计方法，检验本书提出的相关理论假设，提升模型的稳健性。此外，笔者结合企业调研和半结构式访谈对相关研究变量进行修正，试图准确刻画本书的研究问题。

1.3.2　样本与数据

本书主要使用中国科学院总院及其直属研究院所下衍生的企业作为研究样书，主要有以下几个原因：

（1）中国科学院大学成立于 1978 年，是中共中央、国务院批准创办的我国第一所研究生院，自成立以来就不断为国家的创新创业发展作出了巨大贡献。从 20 世纪末开始，中国科学院不仅培养了许多科技创新创业人才，其与直属的研究院所也率先创立并投资了一大批高技术衍生企业，创建衍生企业也成为中国科学院各单位实现技术转移和科技成果产业化的重要载体。自国家推进"双创"工作以来，中国科学院积极响应国家政策号召，不断加大推进院属单位的科技成果转化力度，推动"硬科技"创新，引导科研人员积极投身"双创"中。经过多年的实践，在中国科学院总院、直属研究院所两个层面上创立了数百家衍生公司，中国科学院投资成立的创业企业中有许多是高技术企业以及技术型企业。许多重大成果和产出都是在中国科学院及其直属研究院所的牵头下完成的，促进了许多重大科研成果的产业化和技术转移。例如，中科曙光、联想、汉王、寒武纪科技和人脸识别"国家队"企业中科视拓等都是衍生企业的成功代表。相较国内其他科研机构来说，中国科学院创立高技术衍生企业的实践更加丰富，成效较高。

（2）中国科学院及其直属研究院所创立衍生公司需要符合中国科学院章程和文件政策，听从一致的总体安排和规划方向。因此，仅以中国科学院的技术衍生企业作为研究样本，对一个特定母体衍生的企业群体进行研究，可以消除因为母体研究机构的政策目标差异、能力差异等产生的偏差。

本书的主要数据来源是国科控股集团相关部门通过年度调查收集到的中国科学总院投资的衍生企业（国科控股投资企业）和院属事业单位投资的衍生企业（研究院所投资企业）的基本信息。该数据时间跨度从2008—2017年，连续调查了十年，每年3月30日由衍生企业对自身的经营情况和财务数据按照《中国科学院企业与经营情况年报表》进行上报，衍生企业名称直接来源于中国科学院总院和院属事业单位相关统计记录。研究样本具有连续性且样本数量大，比较完整地收集了中国科学院衍生企业的信息，数据库为非公开一手调研数据，部分衍生创业企业由于经营失败注销后不再上报数据。各年度的衍生企业数量统计分布如表1.3所示。可以发现，自2008年开始，中国科学院研究院所衍生企业的数量逐年增加，且多以技术型企业为主。其中，2017年参加统计的企业达到553家，其中包括476家院属事业单位投资衍生企业，36家中国科学院直接投资衍生企业及41家研究院所投资企业的再投资衍生企业，技术型企业高达456家（占比82%），非技术型企业为97家。衍生企业所在的行业分类涉及采矿业、制造业、建筑业、信息运输、计算机服务和软件业等行业，涵盖范围非常广泛。

另一个主要数据来源于天眼查数据库，天眼查基于政府公开数据集成了我国超过1.8亿家社会实体的工商信息，为收集未上市企业的具体信息提供了丰富可靠的来源。由于中国科学院衍生企业样本大部分属于未上市企业，因此可以借助天眼查数据库来收集与核对企业的行业性质、股东变更信息及对外投资等数据。此外，为考察衍生企业的创新绩效，书中采用的企业专利数据信息来源于国家知识产权局的专利数据库，通过逐一高级检索企业名称和年份获得企业的专利授权数据。同时，本书也从科学技术部火炬高技术产业开发中心官网获得了历年来我国国家高新区增加名单及其具体批准时间和重点行业信息。笔者根据每一章研究的主题，从数据中选择合适的样本进行研究。

表 1.3　衍生企业数量统计

年份	企业数	非技术型企业	技术型企业	总院投资企业	研究院所投资企业	研究院所投资企业的再投资企业
2008	417	103	314	36	381	0
2009	413	101	312	38	375	0
2010	443	97	346	42	401	0
2011	428	97	331	28	380	20
2012	440	102	338	29	390	21
2013	477	99	378	29	423	25
2014	488	97	391	29	434	25
2015	506	97	413	29	442	35
2016	542	97	445	33	474	35
2017	553	97	456	36	476	41

资料来源：笔者根据相关资料整理而成。

1.3.3　技术路线

图 1.3 为本书的技术路线。首先通过前沿文献理论分析和现实问题归纳总结本书研究的关键问题，其次设计研究框架、获取数据、选择合适的样本、定义相关变量，最后对本书提出的多个关键问题逐步进行实证研究和验证，并总结结论和提出启示意义。

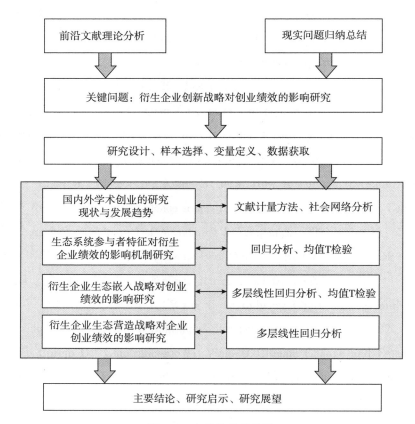

图1.3 本书的技术路线

1.4 章节安排

本书共7章，每章的研究内容如下：

第1章为绪论。本章主要阐述了本书研究的理论背景和现实背景，确立了本书的整体研究框架和研究方法，并且明确了研究意义和可能的贡献等。

第2章为学术衍生企业相关概念及研究现状。本章分层次对前人的相关国内外研究进行了梳理和总结，并对本书研究开展的理论依据做了介绍和阐述，为后文的研究提供了理论基础。

第3章为基于文献计量分析的学术创业研究现状与热点趋势评析。从文献计量的视角出发，本章不仅对近 30 年来国内外学术创业已有相关研究文献和研究趋势进行了系统的总结和分析，包括发表期刊分布、论文作者合作情况、论文发表国别信息、研究机构、关键词频率等，而且对国内外学术创业研究分阶段进行了总结并给出了未来的研究趋势。

第 4 章为母体机构与股东多样性对衍生企业创新行为与绩效的影响机制。本章以资源依赖理论和组织学习理论为基础，实证分析了生态系统中的关键参与者特征（衍生企业的母体研究机构特征和股东特征）对衍生企业创新行为和创新产出的影响机制，具体为母体机构的研究导向、股东多样性等特征对衍生企业创新行为和创新产出的影响。

第 5 章为创新生态系统战略对衍生企业创业绩效的影响。本章从创新生态战略视角研究了衍生企业创新行为与创新战略对企业创业绩效的影响，采用了单变量 T 检验、随机面板回归分析等进行实证检验。

第 6 章为营造生态战略对衍生企业绩效的影响。本章在探究衍生企业生态营造战略对企业创业绩效影响的基础上，揭示了企业内部因素和外部环境因素的调节机制，运用多层分析方法，实证检验了衍生企业发展过程中如何营造生态，以及内外因素对企业成长和创新的影响。

第 7 章为总结与展望。本章对本书的主要结论进行了总结，概括了研究的理论贡献和可能的创新点，提出了相应的管理学启示及政策建议，并指出了本书研究的局限性和此后的研究方向。

第2章　学术衍生企业相关概念及研究现状

2.1　学术衍生企业相关研究

大学是重要的创新源之一，也是埃茨科威兹提出的"政府—大学—企业"三螺旋关系中非常关键的一环（Etzkowitz and Leydesdorff，2000）。大学和科研院所作为新思想和新发明的重要来源及区域和国家创新体系中的关键角色和先锋力量，它们的重要性日益凸显（Abreu and Grinevich，2013）。大学除了通过基础教育、人才培养及科学研究等方式参与创新活动，也可以通过利用其资源和科技优势创办衍生企业来推动科技成果的快速转化。创业活动在我国改革开放进程中发挥了重要作用，并推动了我国经济的发展（张维迎，2013）。其中，学术创业或大学创业（Rothaermel et al.，2007）无论是对发达国家还是发展中国家的技术进步、创新能力提升和经济发展都有着非常重要的影响（Audretsch，2014；Marzocchi et al.，2019；Meng et al.，2019）。学术创业的绩效对于国家、区域和企业来说都十分重要（Wright and Phan，2018）。因此，理解影响学术创业的重要因素、学术创业的作用机制及其潜在的影响，对学者、产业实践者及政策制定者都具有十分重大的意义（Balven et al.，2018；Fini et al.，2018）。

企业作为国家创新体系的重要组成部分，是从事创新的主要部门，尤其是企业的内部研发对技术创新和经济增长有重要的作用，无论是大企业还是小企业，都可以作为国家创新的主体。作为学术创业的一种重要形式，衍生企业扮演着"大学"和"产业"之间的桥梁，既可以利用大学的资源和创新成果，又具有企业特征，需要参与市场竞争进行商业化活动，与产业近距离接触。同时，这种形式可以把经济社会中的市场需求信息传递给科研组织，进而提升了科研成果的适用性（任荆学等，2013）。研究型大学衍生出科技企业这种模式发起于"二战"后的美国。我国从 20 世纪 80 年代中期开始允许高校创办企业。与此同时，高校衍生企业和学术创业者也被认为是颠覆性创新的潜在来源（杜传忠和刘志鹏，2019；Skute，2019）。

Louis 等（1989）在对研究型大学的调查中发现了 5 种学术创业的类型：①从事外部资助的研究；②赚取额外的收入；③为了大学研究而获得产业支持；④获得专利或产生商业秘密；⑤以教师职工自己的研究为基础在私企中持有股权。我国学者杨德林和邹毅（2003）通过调查研究，首次对我国研究型大学的科技企业衍生模式进行了详细的分类：专利许可类（以北大方正集团为例）、知识产权入股类（以清华阳光公司为例）、带土移植类（以清华同方为例）、改制型（以武汉华工激光为例）、嫁接型（以诚志股份为例）和学生创业型（以视美乐科技发展有限公司为例），描述了每一类科技衍生企业的特征，并且分析了各个模式的优势和劣势。

刘二军（2010）对中国科学院创立技术衍生企业的模式进行了系统性研究，明确定义了科研机构创立衍生公司模式的概念，提出了五维两联结的分析框架，从配套的组织、制度、机制、资源配置和创立技术衍生公司的目标结构五个维度，以及与前端科研活动的联结、后端和公司资产管理运营的联结进行了分析。目标是框架的核心，为其余维度提供驱动力，该分析框架对其他科研机构也有一定的借鉴性。

衍生企业的创生动机、过程和机制非常复杂，通常被认为要么是个体特征的结果，要么是组织政策、结构及文化的影响，又或是外部环境的影响（O'Shea et al.，2007）。Rothaermel 等（2007）分析了 173 篇文章，将学术创业领域的文献分为 4 类：①创业型大学；②技术转移办公室的生产率；③新企业创造；④包括创新网络在内的环境情境。Hayter 等（2018）对 209 篇学术创业相关文献进行了分析，并对每个因素下的子话题进行了编码区分。将影响学术创业的相关因素分为 8 个类别：①学术创业者的特征；②人力资本；③社会网络；④创业环境；⑤金融资源；⑥科学、技术和产品特征；⑦学术创业项目；⑧大学管理及政策。

衍生企业完整的生命周期包括五个阶段：研究阶段（Research Phase）、机会构建阶段（Opportunity Framing Phase）、预组织阶段（Pre-organization Phase）、重定义阶段（Re-orientation Phase）和持续收益阶段（Sustainable Returns Phase）

（Vohora et al.，2004）。很多新创企业的成长和发展有限，甚至在早期阶段就失败了（Fini et al.，2017）。因此，识别高校衍生企业发展过程中的决定因素和成功因素非常重要。

影响大学衍生企业的因素：从宏观上讲，可能包括宏观经济环境、科技政策和所在区域内的可利用资源等；从微观上讲，可能包括参与衍生企业经营的企业家学者的个体特质、创业团队的团队特征，介于两者之间的可以是衍生企业的大学母体。目前学术创业方面的研究分为三个层面：一类是系统层面，包括政府、制度和地方情境；另一类是高校层面；还有一类是个体层面（Grimaldi et al.，2011），基于个体层面的研究近些年越来越多。综上所述，本书根据已有文献进行梳理，将学术创业相关研究视角分为以下几个方面，并进行归纳总结。

2.1.1　母体大学对衍生企业的影响研究

大学是国家创新体系中的重要组成部分，也是衍生企业创生和发展的重要依托。设立大学衍生企业是大学在提升科技成果转化过程中采用的一种重要模式，政策制定者对大学衍生企业的关注度不断上升，大量资源也开始被用于支持这类企业，这些都要求学术研究更好地理解大学如何能促进新的以研究为基础的创业企业的产生，以及如何帮助衍生企业更好的发展。大学介于宏观因素和微观因素，与宏观政策性因素相比，大学与衍生企业的联系更为密切；与个体因素相比，大学则掌握着更丰富的资源，对衍生企业的影响力更大（杨德林等，2007）。在中国的体制机制下，大学是衍生企业形成和发展的核心力量（周辰和董正英，2009）。

大学多个方面的因素对衍生企业的影响得到了国内外学者的广泛研究。总结来看，从母体大学的视角对衍生企业的发展进行研究，主要有两个分支：一支是主要从母体大学本身的特征来看，这一研究视角包括大学的学科优势和基础、大学的相关政策和制度设定、大学的知识基础和资源禀赋及能力等，其认为大学本身的特点关乎衍生企业未来的命运。本小节将主要关注除大学创业创新制度和政策外的因素的影响，制度政策方面的影响将在后面的小节中进行总结。

Wennberg等（2011）对比了大学衍生企业和公司衍生企业的绩效水平，通过收集瑞典知识密集型行业的 528 家大学衍生企业和 8663 家公司衍生企业 1994—2002 年的面板数据，采用随机效应 GLS 回归和 COX 风险回归模型进行分析发现，公司衍生企业在存活率和成长率方面比大学衍生企业的绩效都更好。人力资本禀赋对大学衍生企业比对公司衍生企业来说更加重要，而母体组织的性质则对公司衍生企业来说更加重要，尤其是组织的规模及工程师的数量因素。因此，他们认为政府政策最好聚焦于如何激励产生更多的公司衍生企业。

不同地区的不同高校，衍生企业数量的多少和衍生企业的成功率存在着"不均衡"。1995—2001 年美国 141 所大学的统计数据显示，平均每所大学产生 1.91 个衍生企业，而麻省理工学院（MIT）在 2000 年当年就产生了 31 个衍生企业（O'Shea et al.，2005）。基于资源基础观，O'Shea 等（2005）从内部资源特征视角研究发现，过去的技术转移成功经验，高质量的教职人员，以生命科学、化学和计算机科学学科为导向的强大的科学和工程基金基础、较高的产业资金投入和强大的商业资源基础均对大学的衍生企业数量有显著正向影响，对 TTO 的工作人员投入更多的资源也有助于提升衍生企业的成功率（O'Shea et al.，2005）。此外，O'shea 等（2007）发现，一系列因素为 MIT 的学术创业成功作出了贡献，较好的科学与工程资源基础、研究人员的质量、支持性的组织机制设计、研究内容与产业应用结合紧密等因素促进了大量衍生企业的产生，并且大学组织内部也设定了专门的技术转移办公室、创业培训项目和跨学科研究中心等促进科技成果商业化。MIT 的成功离不开历史环境及其创业文化的发展，也离不开其关键个体的领导力影响，最重要的是所有驱动因素的相互关联和结合，如果其他高校仅模仿单个因素，那么只能带来有限的成功。

衍生企业的数量和企业衍生的可能性也与学科性质有关。在许多学科中，如计算机科学和生物科技，科学与技术之间的联系越来越强，需要大学和产业之间建立更多的联系和合作。20 世纪 90 年代和 21 世纪早期，从专利数量、许可及学术衍生企业来看，生物技术和信息技术在大学商业化产出中占比超过 50%（Niosi，2006）。生命科学（以生物技术为代表）占据了美国和加拿大大学技术衍生和专利申请许可的 50%（Mowery et al.，2001）。衍生企业可以涵盖多个技术领域，生物技术和信息技术一般是大学里倾向于技术商业化的领域，物理科学也有一些商业化实践，而艺术和人文类学科在专利许可和衍生活动方面的比例较低，后者的商业化主要是基于公开演讲和组织展览等非正式的方式来进行（Abreu and Grinevich，2017）。我国学者也得出了类似的结论，清华大学的衍生企业经营范围涵盖了材料化学、环保、信息通信技术、生物科技、技术与管理咨询等多个行业（杜霞，2004）。

国内学者在这个视角上也展开了一些研究。杨德林等（2007）发现母体高校的科技实力与衍生企业的发展有很大的正相关性，且母体高校的专业布局尤其是工科类和综合类学校的衍生企业绩效（经营收入）表现得更好，主要是因为工科类成果比理学相对来说更容易商业化。此外，高校的科研经费总量、地理位置和大学与政府的关系与衍生企业活动也存在一定相关性。夏清华等（2010）对母体组织对衍生企业的支持进行了实证研究，发现母体高校的支持力度对以持续经营8年的可能性为度量的衍生企业生存率的影响显著为正，这些支持包括高校的品牌效应、战略引导、资金资助、创业氛围、关系资源还有母体组织的基础设施投入等。

大学的能力对衍生企业的发展也有影响。从能力视角出发，基于四家衍生企业的纵向研究发现，大学如果具备三种能力可以更加有助于衍生初创企业的形成：①创造新的实践路径；②能够权衡学术和商业利益；③整合新资源的能力。每一种能力在创业过程的特定阶段起着关键作用，这些能力也取决于大学以往的衍生企业经验和大学内外的部分主体（Rasmussen and Borch，2010），此外，大学如果在某些方面缺少能力也可以通过实施相关战略来培养。上市企业如果公开宣传自己是基于大学的公司，与大学的隶属关系会被投资者认为是有益的，可以提高其市场估值，尤其是在首次公开募股时高层管理团队中有学者时。但从长远来看，以大学为基础的公司比独立公司表现出更差的运营绩效（Bonardo et al.，2011）。

大学组织的能力、资源以及与研究和教学相关的环境特征所产生的知识，对毕业生创业者的创业能力有重要影响，也决定了这种制度条件产生学生创业企业的能力（Beyhan and Findik，2018）。Shah 和 Pahnke（2014）识别了知识的两个关键维度，这些维度有助于大学创业。一个是可以提供对特定技术的理解并能作为商业机会基础的创新知识；另一个是创业知识，可以提供对创业过程和网络的理解，这些可以从资源和专业知识中汲取。

庞文和丁云龙（2012）通过对东软集团的案例研究打开了企业从大学衍生的"黑箱"，提炼出大学的技术商业化能力、网络化联盟能力及管理创新能力三组能力推动了企业的衍生，并且三种能力逐层进化，渗透在创新活动的各个层面中，并据此为创业型大学和衍生企业的发展提出了政策建议。

苏晓华和王招治（2010）认为衍生企业的表现在很大程度上依赖于大学积累的丰富经验，大学的资源对衍生企业的绩效有显著的支持影响，但结论存在不一致。基于教育部科技发展中心统计的 31 家高校上市衍生企业的研究发现，企业的资源禀赋与高校衍生企业的绩效存在一定的关系，衍生企业的资源集成水平可以促进衍生企业绩效的提升，但不同类型的资源对企业绩效的提升程度不同，贡献度从小到大依次为管理资源、政府资源、技术资源和风险投资资源。

Powers 和 McDougall（2005a）基于 1991—2000 年 120 所大学的样本，对金融资源、人力资源及组织资源如何影响两类大学技术转移活动绩效（创业企业的数量和 IPO 企业的数量）的影响进行了探究，变量包括产业提供的研发资金、高校员工的质量、机构专利组合的重要性、技术转移办公室的成立时间及相关区域内的风险投资可得性。除机构专利组合的重要性外，其余变量对两种技术转移活动绩效均有显著的正向促进影响。

大学的教育和研究活动对大学创业成果也有影响，Marzocchi 等（2019）将创业企业种类分为衍生企业和毕业生创业企业，针对英国高等教育部门 6 年 163 所大学的纵向实证研究结果发现，高校的研究资源禀赋和教学资源禀赋对衍生企业和毕业生创业企业的影响机制不同。研究资源禀赋对衍生企业有积极影响但对毕业生创业企业无影响，并且大学的研究资源禀赋越强，对新创企业的积极影响越大，对衍生企业则无影响；基础设施的可得性，如孵化器或者科学院对衍生企业的创生有影响，但是对毕业生创业企业无影响；大学提供的创业训练对毕业生创业企业的创生有负向影响。

Lockett 和 Wright（2005）的研究发现，无论是大学创建的衍生企业的数量还是通过股权投资创建的衍生企业的数量都与大学的知识产权保护支出、技术转让办公室的业务发展能力及大学的专利权制度呈显著正相关。这些结果不仅凸显了资源储备的重要性，而且凸显了在衍生创业企业过程中技术转让人员具备适当能力的重要性，尤其是注重训练和雇用具有广泛商业能力基础的技术办公人员。

Gras 等（2008）以 7 所欧洲大学为样本，探究了五种资源和能力（技术转移政策和战略、人力资本、技术储备、技术转移办公室的资源和能力以及大学支持）对企业衍生率和衍生企业绩效的影响进行了探究，结果发现杰出的人力资本、基于大学的资金支持对两种结果变量均有显著的正向影响，而非资金支持（如训练、咨询等）对衍生活动没有影响，仅对新衍生企业的绩效有影响。

Son 等（2019）利用 2013 年韩国技术促进协会调查的公共研究组织的样本，探究了公共研究组织的技术创业及其外部关系对技术转移绩效的影响。结果发现，公共研究组织—产业合作的程度对其衍生企业的创生有负向影响，但是对技术许可协议数量和许可收入有正向影响。同时，组织层面和个体层面的技术创业都对公共研究组织的技术许可收入产生了积极影响，总结得出了组织与产业外部关系对技术商业化的双刃剑影响。

大学创造的知识有两种溢出途径（内部商业化或者向产业外转移），其中内部商业化可以为衍生企业带来创生机会，知识的特性（创新程度和与市场的耦合程度）对创生机会有关键影响，同时大学的资源禀赋和政策支持在其中起到了调节作用（夏清华和李雯，2012）。基于知识溢出理论，李雯等（2017）探究了知识特性对衍生企业创建模式选择的影响，以及对技术发明人（学术基础、创业倾向），母体大学（资源条件、政策引导）和区域创业环境的调节作用。结果发现，先进性高、隐含性高的知识更倾向于通过创建大学衍生企业的方式实现价值，复杂性知识对选择大学衍生企业还是产业衍生企业的影响不显著。

卞庆珍等（2018）利用 156 份中国卓越大学联盟的衍生企业调查问卷，采用结构方程模型揭示了衍生企业成长和创业绩效会受到母体大学衍生性资源溢出的影响，包括技术溢出和社会资本溢出。他们将衍生资源分为支持性和约束性资源，探究了创业导向在衍生性资源和企业创业绩效之间的中介作用，研究发现大学与企业的决策参与、衍生企业的成长性和获利性呈显著负相关，而衍生企业向母体大学的组织学习对企业绩效无显著影响。

另一分支从母体大学对衍生企业的支持及大学与衍生企业之间的关系来研究衍生企业后续的创新和发展情况。衍生企业由于其特殊性，必定会从母体大学中继承到一些知识和人才资源等（杨德林等，2007），从资源基础观出发，衍生企业的绩效表现也在很大程度上取决于其从母体机构中获得的资源数量和质量。

周一杰和王柏轩（2009）基于互动视角，构建了母体大学在大学衍生企业初创和成长过程中为其提供的支持，包括在技术知识、人力资源、社会关系网络、基础设施和资金方面等的互动发展模型，并利用中地数码集团的案例进行了验证。与此同时，衍生企业对母体的发展也具有促进作用。从组织关系的角度出发，有学者认为大学与衍生企业的组织类型不同，目标、原则和运行规律等也存在差异，分析大学与其衍生企业之间存在"溢出"和"套牢"原理，二者之间保持适当的关系将有助于衍生企业的生存和发展，衍生企业需要利用好大学的技术资源和网络资源（卞庆珍和任浩，2015）。在衍生企业创业初期，"软资源"要比有形的资源更加重要（Brush et al.，2001），衍生企业可以获得母体大学的支持从而更快地研发产品，产生更好的经营和财务绩效（Heirman and Clarysse，2004），并且由于研发经验丰富创新绩效更佳（Helm and Mauroner，2007）。以科技园区的企业为样本的实证研究发现，从大学获得的技术知识会促进企业的创新绩效，学术衍生企业相比其他企业来说能从大学获得更多的知识，在园区企业和大学的关系中扮演中介角色的企业有更高水平的创新（Díez-Vial and Montoro-Sánchez，2016）。

此外，有研究关注了衍生企业嵌入环境和情境的影响。例如，Muscio 等（2016）探索了母体学校与衍生创业企业的政策冲突及知识产权管理质量对衍生企业发展的影响。另有学者探究了大学、部门、同事的质量、衍生企业创业团队的组成和以往成功经验对衍生企业的影响（Van Looy et al.，2011）。基于中国大学衍生企业的实证研究，将产业网络嵌入分为母体大学、上下游企业、科研组织和政府的关系嵌入，发现衍生企业嵌入产业网络能够提升其绩效水平，产业网络嵌入在大学衍生企业创业导向和企业绩效关系中扮演着中介角色（张承龙和夏清华，2012）。综上所述，基于母体大学这一视角的研究主要是从组织理论出发来探讨大学的衍生活动。采用了资源基础理论、知识溢出理论、社会网络理论和能力视角等进行阐述。但除从母体大学层面研究以外，学术创业者个体层面的影响也需要进行考虑。

2.1.2　学术创业者对衍生企业的影响研究

由于大学本身不是商业化的环境，因此学术创业者在创造和经营新企业的过程中会面临很多壁垒和挑战，尤其在创造和保持商业产出方面（Vohora et al.，2004）。学术创业者们在创业的同时还需要承担自身所在科研团队的学术科研任务和日常工作，这会分散学者的注意力，科研方面的要求一般与商业活动旨在追求利润目标相对立。大学研究人员通常专注于学术研究，掌握了大量的科学和技术知识，但是缺乏有关市场或者需求端的相关知识，而后者对于成功的商业化来说往往非常重要（Mosey and Wright，2007）。由于缺乏产业和市场的相关知识，高校的研究人员可能并不会识别或者利用他们的技术发现科研中所蕴含的商业化机会（Franklin et al.，2001），又或者即便研究者想要通过其技术实现商业收入，但在后期经营的过程中因缺乏相关的市场意识也很难得到持续发展。基于突破性技术的创业企业往往可能蕴藏着多个商业性应用机会（Shane，2000），但是创业者也可能并没有掌握可以挖掘这些商业机会的技能与知识，进而无法识别这些机会（Franklin et al.，2001）。大学往往要承担着解决问题和发展实验室创新的职责（Eun et al.，2006），大学传统的非商业化环境导致这些创业企业在成立之初和后续发展的过程中缺少相应的支持（Lockett and Wright，2005）。

从企业战略管理视角出发，Hambrick 和 Mason（1984）提出，企业家的经验、价值观和个性特征决定了企业家在面临环境时的战略选择和绩效表现。高校的学术创业能力受到个体科学家和科研团队创业和商业化意愿的影响，大学教师在推动大学研究成果产业化和知识资本化的过程中起着重要作用，世界各国的教师通过突出的学术业绩或科技成果逐渐涉足市场并创办企业，学术创业者作为社会企业家中的少数群体发挥着越来越重要的作用（陈劲和朱学彦，2006）。Carayannis 等（1998）在对来自日本和美国的 7 个政府研究实验室和高校科技型衍生企业的研究中发现，技术创新和学术创业者发挥着重要作用。学术创业从某种程度上来讲是个人层面的决策（Balven et al.，2018），因此了解学者个人的感知过程十分重要。研究创业者个体对衍生企业的影响，主要是由于学术创业者的行为各异、创业动机不同，在创业过程中和面对机会时有不同的表现和特质。

首先，学者关注了一些基本的人口统计学特征，如年龄、性别、种族、家庭背景等因素。例如，有研究发现学者拥有具有创业精神的父母或家庭成员（Bergmann et al.，2016；Criaco et al.，2014），或者家族里有过创业的历史，可以预测学者参与学术创业的情况。也有研究从年龄出发，发现学术创业随着年龄的增长而增加，主要是从学术排名和职称等级来看（Rasmussen et al.，2014；Clarysse et al.，2011），随着年龄的增长和学术经验的增多，大学研究人员的灵活性越来越强，与社会的联系越来越多，有更多的相关知识参与到创业活动中（Haeussler and Colyvas，2011）。但也有研究发现，在职业生涯早期不参与创业活动的教职工在职业生涯后期也不太可能进行创业（Bercovitz and Feldman，2008），年龄大的教职工创建企业的可能性更小（Karlsson and Wigren，2012）。

从性别视角研究衍生企业的发展也取得了一定的成果。一系列研究证实了学术创业经常以男性创办企业为主（Aldridge and Audretsch，2011；Bergmann et al.，2016）。Abreu 和 Grinevich（2017）针对 2008—2009 年英国 150 家高等教育机构中超过 22000 名科学、社会科学、艺术和人文科学领域的学者进行了问卷调查，以衍生活动作为学术创业的衡量指标。结果表明，样本中的女性学者与男性学者在很多方面有所不同，其中女性学者更倾向于参与应用研究，担任更多的初级职位，从事卫生科学、社会科学、人文和教育领域的工作，拥有较少的经商经验，并且对研究的商业化抱有更大的矛盾心理，所有这些特征都与其低水平的衍生活动相关。通过非参分解分析显示，男性学者群体体现出的特征几乎在女性学者中很难匹配到，这也解释了为何学术创业会出现较大的性别差距，女性在自我意识和选择方面就与男性存在很大的不同。

类似的关于性别差异的研究表明，女性学者更不愿意公开自己的发明成果，男性学者比女性学者选择公开发明成果的概率要高 43%（Thursby J G and Thursby M C，2005），学术创业的比例在女性学者出现较少的学科领域中反而更高（Rosa and Dawson，2006）。同样地，在具有广泛的网络关系和商业化经验的高级学者中，学术创业水平要高得多，其中绝大多数是男性学者（Stephan and El-Ganainy，2007）。Goel 等（2015）对德国科学家的调查研究显示，女性学者对创业的倾向明显较低，即衍生活动对她们的吸引力较低。类似地，Colyvas 等（2012）使用专利数据分析发现，美国男性教师报告发明的可能性更高（男性为 37%，女性为 32%），并且向其所在机构的技术转让办公室报告多项发明的可能性更大。

此外，教职工的名声和其研究质量也与创业水平相关，名声越高，越可以提升创业绩效（O'Shea，et al.，2005）。明星科学家创立的衍生企业，往往具有难以编码的丰富资源，从知识溢出视角出发，Zucker 等（1998）探究了 1976—1989 年明星科学家的智力资本和美国生物技术企业成立之间的关系发现那些在基因序列发现方面高产的明星科学家决定了生物技术公司产生的时间和地理位置，并且对产品绩效有明显的提升作用。

学术创业者的动机和自我效能也是一个研究方向，如科学家、博士后及在校学生的个人动机，即关注创业动机（O'Shea et al.，2008）、创业导向（Walter et al.，2006）或创业热情（Huyghe and Knockaert，2015）等主题。从动机理论出发，学术创业者的动机会影响其参与创业活动的程度，包括创建衍生企业、申请专利或者商业化的活动。

Roberts（1991）强调了个性、动机及天性对学术创业的影响，他发现 MIT 的技术创业人员通常表现出对独立性的强烈渴望，对成就的适度需求和对隶属关系的低需求。Shane（2004b）分析了大学及社会环境、技术本质、产业因素，以及参与衍生过程的人对衍生活动的影响，其对 MIT 的一项研究揭示了影响学术衍生行为的动机性特征，这些动机包括想要把技术运用于实践、追求财富、追求独立，强调了个人的创业属性在塑造个体行为过程中的重要性。Hayter（2011）发现，经济收益是学者进行创业的重要动机，与此同时其他的个人职业原因也是动机。

Clarysse 等（2011）探究了学者的创业导向、创业活动的社会赏识及个体学者的创业自我效能是如何影响其参与创业活动的。他们利用 2001—2009 年 90 所英国高校的 2194 名学者作为样本，使用 COX 参数生存模型的实证研究结果发现，学者的创业导向在参与创业活动方面扮演着最重要的角色，其次是自我效能感，社会环境的影响次之，技术转移办公室仅扮演着间接的边缘性角色。

D'Este 等（2012）从创业的不同阶段来解读创业机会的识别与开发，将识别新的技术机会作为创业的重要起点，以申请专利活动为表现，把衍生企业作为将技术机会进行商业化的重要活动。他们基于英国学者 1999—2003 年的实证分析发现，技术机会的发现和创业机会的开发涉及不同的技能和科学家的专长。学者潜在的创业技能、经历、态度、认知规范与其创建衍生企业的动机之间存在联系，学术创业者以往的发现技术机会的经验和研究天赋将有助于其发现新的技术机会。同时，以往与产业合作伙伴的合作、科学研究宽度以及商业化导向的经历也有助于创业机会的成功开发。

任荆学等（2013）从动机理论出发，采用调查问卷的方式对中国科学院北京分院下属的 30 多个研究单位的 86 位人员进行了采访调查，进而对技术衍生企业的创立动机进行了分析，结果表明衍生企业创立的主要动机是为了摆脱科研体制对成果转化的束缚、促进科研成果紧随市场需求、提高组织的声誉和完成上级的任务安排等，具有这些动机与科技成果转化的最终效果正相关。也有一些研究发现大学科学家的创业动机来自学术方面的原因，例如，科学家经常把学术创业作为获得金融资源来支持其学术研究和提升学术生涯的手段（Hayter，2011；Fini et al.，2009）。此外，衍生企业可以为学生提供工作机会，尤其是很多博士研究生将其看作给自己提供就业机会的方式（Rizzo，2015）。

但是，学术创业者参与商业化活动中存在双重身份（学者和创业者）（Jain et al.，2009）。学者是否愿意参与学术创业也受到高校激励因素的影响，要看他们是否认可高校的价值观和规范，从而再考虑是否扮演社会化的角色，毕竟很多教授选择在高校工作就是因为参与企业层面的工作不足以吸引他们（Grimaldi et al., 2011）。公司创业要面临为新产品和服务构建合法性地位，要在一个抵触这些改变的环境中运作，而高校衍生企业一样，也要通过商业努力建立合法性地位，而这些问题并不是母体组织机构关心的核心问题（Vanaelst et al., 2006）。大学衍生企业如果尝试在大学已有的路径依赖上继续深化发展，则会遇到一些显著的阻碍，因此需要发展与原来学术环境中的路径完全不同的新路径（Rasmussen et al., 2011）。正如组织需要有二元性一样，学术创业者也应当具有"二元性"，处理好学术产出和商业产出之间的矛盾（Ambos et al., 2008）。基于高校衍生项目的研究发现，高技术创业企业的发展特征是拥有不同能力的个体在整个创业过程中动态互动的结果（Vanaelst et al., 2006）。因此，该研究流派主要关注的是当面临身份矛盾和压力挑战时，促使这些学者产生创业动机和认同的机制，包括认知层面和社会心理过程是如何促使其进行学术创业的，以及面对双重身份矛盾的学者的创业绩效如何。

Guo 等（2019）从社会认同理论出发，针对学者个体为何追求学术创业的动机和过程进行了探究，认为创业者个体的创业者身份认同对学术创业绩效有显著的正向影响，并且这种关系受到社会资本惯性的负向调节和创业叙事的正向调节，低水平的社会资本惯性和高水平的创业叙事对身份认同和创业绩效的关系最有利。同时，郭峰等（2019）也探究了学术创业者身份悖论及其对创业绩效的影响，以 248 位学术创业者为调查对象，研究发现学者身份认同对学者—创业者身份悖论整合有负向影响，创业者身份认同和社会身份连续性正向影响身份悖论整合，身份悖论整合对学术创业绩效有正向的影响作用，创业叙事对创业者身份认同、社会身份连续性与身份悖论整合的关系有正向调节作用。

此外，学术创业者从科学家的角色转化为学术创业者的角色方面也得到了大量的研究，创业身份认同与创业绩效的关系被认为是未来研究的重要方向（Wright et al., 2018），目前从认知和社会心理过程来看，针对学者的职业轨迹和学术创业追求的影响的研究还比较少（Audretsch and kayalar-Erdem, 2005），Jain 等（2009）主要关注研究人员个人身份在学术环境和商业化经营环境中的重要性。Grimaldi 等（2011）发现，科学家参与成果商业化后相对于同行能够发表数量更多的文章、成果的引用数量会提升，并且可以获得更多的经费资助帮助其从事科学研究。有学者汇总了1999—2008年瑞典高校中辞职成为全职创业者的478个学者的总收入，分析结果显示，学者的创业不仅是一个渐进的过程，而且是偶发的。这些学者成为企业家前后的收入非常相似，虽然股息和资本收益无关紧要，但是创业的收入要比在高校高出三倍以上（Astebro et al.，2013）。学术创业者所处的环境会影响其参与创业活动的程度及其选择参与的方式途径（Bercovitz and Feldman，2008；Perkmann et al.，2013）。如果其母体机构充分支持各种可能性并且有一些与激励相关的规范，那么创业者倾向于更加活跃地参与创业活动。例如，一些孵化器和科技园在促进学术创业的发展方面扮演了很重要的角色。

易朝辉和管琳（2018）以203家中国大学衍生企业为样本，从角色认同视角出发对学者的创业角色、创业导向与衍生企业的创业绩效进行了研究。结果发现，创业角色对衍生企业创业绩效具有显著的促进作用，创业角色对创业导向（创新性、风险承担性和超前行动性）有积极作用，创业导向增强了创业角色对创业绩效的促进作用。

此外，学术创业者个人的人力资本、能力和社会资源也是一个研究主题。进行学术创业的创业者一般具备较好的学术研究水平和技术能力，但是缺乏企业经营经验和商业知识，并且衍生企业在成立之初往往缺乏开展创业活动的相关资源，面临资金短缺、管理技巧与市场经验匮乏等问题（Oakey，2003）。学术创业者可以从产业实践者那里学到知识从而产生更具商业化潜力的新想法和符合市场需求的创新（Baba et al.，2009）。学术创业者的人力资本通常指的是个体通过教育和经验获得的一般性知识。从人力资本视角出发，学者发现科学家的技术教育水平和研究出色程度能够预测创业活动水平（Karlsson and Wigren，2012）。学者以往的创业经验，包括产品开发、先前的衍生活动参与以及专利申请等都可以影响未来的创业活动（D'Este et al.，2012；Karlsson and Wigren，2012；Abreu and Grinevich，2013），因为这些经历使高校科学家获得了识别市场机会的能力并且提高了创业知识水平（Clarysse et al.，2011）。

Mosey和Wright（2007）的纵向研究表明，基于技术的学术创业者的个人人力资本会影响企业的社会资本来源和更广泛的网络联结，具体将学术创业者个人以往的商业经历分为三类（新手、初学者和经常性创业者），这三类人员的社会网络结构、内容和管理有着明显的不同。缺少经验的创业者会产生科研网络和产业网络之间的结构洞，尤其是生物科学领域的学者会遇到更大的困难。同时，以往的创业经历作为专有性人力资本，可以为创业者带来直接的情景知识，并且帮助其更好地与有经验的管理者和潜在的投资者建立关系从而构建网络联结。

Rasmussen 等（2011）从演化视角出发，追踪了英国和挪威境内的四家高校衍生企业的创生和早期发展，从最初的学术研究开始到商业机会的发现及后续的演化。结果表明，为了成功越过创业过程中的一些关键卡点，从一个初始想法到最终将衍生企业发展到一个稳定的市场参与者，学术创业者必须具备三种创业者能力：杠杆能力、机会改进能力及倡导能力。杠杆能力指的是获得和组合资源以维持新的企业创建过程的能力；机会改进能力指的是能基于科学研究寻找改进机会并将其发展成为一个可行的商业概念的能力；倡导能力指的是为了兑现新企业创业过程的个人承诺或者维持领导力角色，说服他人为企业发展做贡献的能力，该能力是非静止的动态性能力。这些能力都可以通过积累创业经验以及从产业合作伙伴和股权投资者那里获取。

科学家与产业界的关系（如从事产业咨询）及从事产业活动的时间被认为与高校科学家的创业活动水平显著相关（Swamidass，2013；Rasmussen et al.，2014）。学术研究者可以通过商业合作伙伴及个人的产业经验获得四类产业知识，包括创业规范、市场信息、互补技术及应用场景（Zawislak and Dalmarco，2011；Jain et al.，2009）。不同的知识源头带来的知识有所不同，进而从不同角度影响知识接收者的创新绩效（Knudsen，2007；Zawislak and Dalmarco，2011）。高校教职工与外界的合作可以有效激励创业活动的开展并促进创业成功（Lockett et al.，2003）。社会网络是非正式建议和经验、技术和管理专业技能，以及早期创立阶段风险投资等的重要来源（Shane，2000；Abreu and Grinevich，2013），处于结构洞位置或者非主导网络位置的大学衍生企业在发展能力上通常很有限（Mosey and Wright，2007）。

中国的学术型创业者最早出现在 20 世纪 80 年代中期，我国科技体制改革以来，大学教师开始积极与产业界建立紧密的合作关系，随后科技园开始发展起来，以培养拥有市场竞争力和自主知识产权的高新企业为目标。杜霞（2004）根据创办者不同对清华大学衍生企业进行了分类，包括大学创办、教授创办和学生创办的衍生企业，这些企业涵盖领域多样，从大学中获得了大量人才和技术支持。其统计发现，由大学教师创办的企业的经营绩效要明显好于大学直接创办的衍生企业。

李雯和夏清华（2012）从学术型企业家的视角出发，以全国"211"工程大学衍生企业为研究样本，得出了"环境支持—创业感知—创业行为—衍生企业创业绩效"的学术创业驱动路径。其中，环境支持包括学术环境和产业环境，学术型企业家参与企业的经营对衍生企业绩效有显著的促进作用。易高峰（2018）从互动视角出发，利用长三角地区的高校学术团队，运用结构方程模型探究了知识管理战略作为网络经济时代的新兴管理方法对高校学术团队创业绩效的影响，发现以人为中心的管理战略和以技术为中心的管理战略对创业绩效都有显著的正向促进作用，组织学习在其中起到了中介作用，并提出了数字化知识管理平台建设的重要性。

张庆芝等（2018）以2000—2015年自然科学领域的123位诺贝尔奖获得者为样本，探究了科学家参与学术创业的程度对成果商业化的影响，以及这些科学家对诺贝尔奖成果商业化过程的影响。将参与商业化的方式分为专利申请、与企业合作及创建新企业三个维度，结果表明，17.07%的诺贝尔奖科学家参与创建新企业，25.2%的诺贝尔奖科学家与企业有合作关系，2/3的诺贝尔奖科学家持有与诺贝尔奖成果有关的专利，科学家的深度参与对基础科研成果的商业化有显著的推动作用。

对于高技术创业企业来说，个体创业者几乎不可能拥有使新创企业获得合法性地位的所有必需能力，因此这些高技术新创企业经常是由创业团队创立而来的。研究表明，衍生企业创业团队中的非学术成员对创业活动非常关键，因为高校科学家的商业经验有限，会限制衍生企业的发展（Rasmussen et al.，2011）。因此，创业团队之间的信任和熟悉程度、发明人员的技术经验和数量、团队成员的角色明晰程度都会对创业活动发展产生影响（Knockaert et al.，2010）。创业团队的异质性特征，如年龄、教育水平、经验、性别等，可以为创业团队带来多样的经验技能和多元化的观点，实现知识、技能及认知等方面的共享，从而帮助创业团队提高分析与解决问题的能力和决策能力（胡望斌等，2014）。但也有研究表明，高异质性团队会带来冲突和差异，影响团队内的信任水平和认同感，从而不利于提高创业绩效。总体来看，这一研究方向主要是从社会认知理论和资源基础观出发，强调衍生行为是个体行为的表现，因此取决于个体参与的能力及意愿。还有研究认为学术创业者的创业身份认同可以使其合理地进行学术创业活动，整合学者和创业者的身份。学术创业者个人的技术资源、社会网络资源、管理资源等会对衍生企业带来知识溢出效应。但这只是其中一种解释，忽略了环境对个人行为的影响。

2.1.3　制度和环境对衍生企业的影响研究

从宏观层面出发探究环境和制度如何影响学术创新的研究主要关注大学环境和相关的制度设定，以及更宏观的区域和产业环境及文化。有学者指出，学术创业不是一个独立的活动，而应该是包括一系列事件的持续性过程（Friedman and Silberman，2003），衍生企业从开发新技术到新产品再到最后推向市场从而实现经济价值这整个价值链涉及多个环节，只有融入产业集群才能保证其成功（庞文和丁云龙，2014），因此应当关注环境的异质性对创业活动的影响（Rothaermel et al.，2007；Fischer et al.，2019）。不能仅关注个体特征对学术创业的影响，环境对学术创业的影响不能被忽视（Urban and Chantson，2019）。

学术创业可以分为任务环境和非任务环境，任务环境的学术创业主要是关注大学、职员、部门的质量和效率，如一些制度设定可以作为有效的激励方式来帮助职员们创立衍生企业，这些制度可以分为通用规则和流程、规范金钱动机的规则及影响创业风险的规定（Muscio et al.，2016）。非任务环境的相关研究主要考察的是从区域或者国家层面看哪些制度因素会影响学术创业，如政府政策支持的程度。政府和高校一般会提出一些旨在促进学术创业的举措，如改变制度、政府支持机制、高校政策扶持、设立技术转移办公室、创业培训和职工教育（Bienkowska et al.，2016）。以上两种方式一致的地方在于构建一种促进交互和知识交换的支持机制。

1998 年，北美大学技术经理人协会（AUTM）的报告显示，在接受调查的364 个大学衍生企业中，建立在母体组织当地的企业就占到 79%。有研究指出，成熟的产业园区、具有大学研究环境的园区以及地理位置与大学邻近的园区中，一般会有更多的大学衍生企业聚集（Link and Scott，2005）。产业集群可以为企业提供初创时需要的关键资源，如成熟的工业体系、丰富的社会网络及充足的资本市场和人才，并且具备创业导向的社会文化氛围。衍生企业应当有意识地增强与上下游、高校及科研机构的合作，与社会上其他企业和机构发展竞合的产业网络系统（Friedman and Silberman，2003）。

　　制度因素会对创业意向产生影响，在职人员会根据制度环境是否为支持性的来考虑自己进行学术创业和商业化努力的成本和收益。众所周知，1980 年美国国会通过了《拜杜法案》，该法案的实施对美国衍生企业的产生有非常显著的促进作用（Shane，2004b），在这之后，发明专利可以授权给学术研究机构而不是个体发明人，受政府资助项目产生专利权也不再一直由政府所有，保障了大学研究成果实现商业化的合法性。此外，1986 年美国联邦政府颁布的《联邦技术转移法案》也大量刺激了大学开展更多具有商用价值的创新研究。Geuna 和 Rossi（2011）对欧洲大学的知识产权保护法规及其对大学的专利申请活动和技术转移过程的影响给出了一个一般性框架。以美国数据为基准的分析发现，自 1990 年以来，大学专利数量总体增长，在 21 世纪初之后显著放慢了速度（在某些欧洲国家甚至减少了），这种变化主要是因为学术专利的所有权发生了转变，倾向于大学拥有所有权，但保留了包括学术发明人在内的欧洲高水平的公司专利所有权的传统。

　　大学的相关政策设定对创业企业的衍生率和企业发展有影响。大学层面的政策在不同制度环境下有着显著差异（Clarysse et al.，2005；Belitski et al.，2019）。有相当多的研究将高等教育机构营造的环境作为影响学术衍生企业出现的关键决定因素（Astebro et al.，2013），因此将关注点放在如何为学术界塑造合适的环境从而提高教职工、学生等在建立新企业方面的参与度。许多国家和大学聚焦大学衍生企业的创生，将其作为科研商业化的重要工具（Wright et al.，2007；Shane，2004a）。为了提升科研成果商业化水平，大学一般会做一些制度安排，如设立技术转移办公室、孵化器、创业中心以及内部种子基金等（Rasmussen and Borch，2010）。其中，技术转移办公室获得了学者的广泛关注，并且将其作为学术创业生态系统中的关键元素（Fini et al.，2017）。提升高校知识产权占有实施力度的关键决定因素就是技术转移办公室的出现。技术转移办公室可以为衍生企业团队提供管理方面和金融方面的支持，也在技术专长、与企业界和其他研究人员建立联系等方面给予高校帮助（Huyghe et al.，2014），而技术转移办公室表现较差的高校则会阻碍知识的扩散。Gregorio 和 Shane（2003）对比了大学区域内的风险投资可得性、大学研究和开发的商业化导向、智力突出及大学政策，结果发现智力突出、对技术转移办公室创业企业的股权投资政策以及保持较低水平的发明人专利费率可以促进新企业的形成。大学的管理方式和资源供给（教育部直属、中央其他部委所属、地方政府管辖）对衍生企业的影响也有所不同。

Meseri 和 Maital（2001）探究了以色列的大学技术转移办公室是如何评价以及影响项目成败的，结果发现技术转移办公室在项目选择标准方面和风险投资家采用的方法非常相似，成功的技术转移项目所在的项目团队都具有较高的质量和动机。母体大学的创业政策、程序和具体的实践对技术转移办公室的绩效有影响（Siegel et al.，2003）。Debackere 和 Veugelers（2005）也支持了以上观点，认为大学应该采用以下三点来促进学术创业：①激励机制来奖励学术创业努力；②分权的非中心化的运营结构，为研究团队提供更大的自主权；③由经验丰富的技术转让人员集中管理，以管理与技术转让流程相关的"合同"和"培训"问题。

Fini 等（2009）从系统视角评估了大学的干预措施是如何支持学术创业的。具体考察了大学层面的支持机制（ULSMs）对学术衍生企业创生的影响，以及大学与其他形式的支持机制是如何相互作用的，即区域场景支持机制（LCSMs）。他们通过聚焦意大利 64 所高校的 404 家企业，将国家层面的制度设定和法律环境进行控制，研究发现高校层面的支持机制对大学衍生企业生产率的影响是否积极取决于不同的区域环境支持机制，即规制法律对高校进行技术转移的意愿有明显的推动作用，但是大学衍生活动的成功程度和衍生率取决于大学内部的政策环境和地区环境的特殊性。

大学在扮演鼓励创业方面需要创造保护型环境从而使教职工和学生可以坚持热情、不断创造新的想法。例如，美国得克萨斯大学就为其学生迈尔克·戴尔提供了有益的空间从而使其很好地开展计算机零售业务。斯坦福大学同样为杰瑞·杨和戴维·费罗两位学生提供了良好的计算机和网络资源以帮助他们开展网页分类业务，这一业务不断扩大，最后发展成为雅虎公司。因此，大学主持的创业支持项目的效率和大学基础设施的角色也是学者关注的重点（Powers and McDougall，2005a）。研究表明，学术创业的障碍很大一部分在于资本市场和资源的可得性（Djokovic and Souitaris，2008；Alessandrini et al.，2012），缺乏足够的资助（或是种子基金）、没有一个完善的高质量的研究体系等因素会阻碍衍生企业的商业化，也很难让技术转移为区域经济作出贡献（Heher，2006）。衍生企业在初期发展阶段需要获得关键的资源，从而克服新进入者劣势。这些资源和资助可以来源于政府机构和政策的支持，也可以来自风险投资（Islam et al.，2018）。除了技术转移办公室，孵化器、科技园区是重要的影响因素（Link and

Scott，2005；Wright et al.，2007），它们为学术创业者提供了物理空间、技术和资金支持，帮助其获得重要的网络关系和指导。大学提供的种子基金也是创业生态系统中的关键元素（O'Shea et al.，2005；Swamidass，2013），因为风险资本家一般不会在企业早期发展阶段投资（Wright et al.，2006），大学的种子基金可以作为释放给外部投资者的重要信号，表明学校会提供很多无形的支持，从而吸引更多投资者的加入。近些年来一些制度和区域政策的发布，鼓励创业型大学将以下目标摆在优先位置：通过吸引和培养优秀的人力资本参与技术转移和创新以及社会和区域发展中来（Secundo et al.，2016）。为了实现这些目标，创业型大学通常会开展一些活动，包括科技园的建设、大学衍生企业的成立、专利申请、产业培训、咨询、资助获取、研究以及教育等。有学者也强调了风险投资在促进高技术企业形成过程中的核心角色，区域内的知识基础设施也被认为是影响学术创业的关键因素。

大学在创生技术企业时可以有两种政策设定：一种是直接鼓励教职工参与衍生活动，另一种是鼓励外部创业者承担领导者角色。在 57 所英国高校的调研中发现，两种政策设定各有利弊，但是将学术型创业和代理创业结合起来才是大学成功发展技术转移导向的创业企业的最好方式（Franklin et al.，2001）。

Fischer 等（2019）从大学层面的制度设计评价了教职工特征对学术创业的影响，通过使用 2016 年收集的来自巴西 22 个州的 70 个高等教育机构的 680 名教职工样本，对创业活动、创新驱动的创业精神和高增长的新创企业进行了计量分析，结果发现巴西高校在很多制度性变量上都缺乏影响力，政策低效导致了创新生态系统的不成熟，并且发达国家情境中某些高校的成功经验和战略很难应用到发展中国家。Urban 和 Chantson（2019）用结构方程模型对南非的科学家的创业意向进行了实证研究，通过纳入制度和组织因素 TPB 理论进行了扩充。该研究与其他创业意向相关研究的不同之处主要是基于对行为的关注胜于其余的前因变量。对创业各个方面的认识和揭露可能会在形成对学术创业的信念和态度方面发挥重要作用。他们采用资本可获得性、政府的管制及知识产权制度作为重要的制度约束因素以及组织文化、创业教育和网络等支持性因素探究其对创业意向的影响。已有研究也表明，制度约束因素对学术创业存在可能的障碍（Pouris，2012）。

就国家政策和政府法规的作用而言，不同的制度背景表明，在竞争激烈的环境中，高校的发明更有可能进行商业化，而僵化的环境会阻止这些举措。

Goldfarb 和 Henrekson（2003）从美国和瑞典高校科研成果商业化结构的对比研究中发现，美国大学的知识转化受到了联邦政府以及当地政府的大力支持，从而促使知识转化活动非常活跃，这种"从下至上"的政策支持体系也提高了美国大学的竞争力，使大学开发的技术更具有经济价值。尽管存在这些差异，但政府法规和实践在潜在的企业家如何感知新的机会以及如何创建和最终利用市场空间方面发挥着重要作用（Griffiths et al.，2009）。比如，南非的制度环境就很难令人把创业作为一个很理想的职业选择（Urban，2006）。现有研究也指出，由于各个学校的技术转移能力不同，在这个复杂的系统里严格一致地规定大学创业活动的效果可能并不好。比如，把斯坦福大学的一系列政策规定用到一个小型的教学导向的州立大学可能会适得其反（Grimaldi et al.，2011）。

一个国家的知识产权制度对创新、技术转移、商业化以及创业有着非常重要的影响。从对公共政策变化的响应来看，大学专利从技术转移机制而言是衡量科研产出的一种方式。根据 Azagra-Caro（2014）的研究，几十年来，欧盟大学申请和拥有专利的趋势一直在增加。文献中提供了大学专利数量增加的几个原因，其中包括知识产出的变化提升了大学研究人员产出专利发明和科学出版物的能力（Meyer，2011），获得行业知识、实践经验及将其应用的可能性（Arvanitis et al.，2008），同时也会改变社会需求和资金状况（Azagra-Caro，2014）。这些原因导致某些国家和地区的法规变化，从而允许大学拥有专利并与学术发明人和部门共享特许权使用费，或与合作伙伴共享知识产权（Baldini，2010）。

在已有的学术创业文献中，学者重点关注了大学政策和动机、组织文化、创业教育及网络等组织因素（Audretsch and keibach，2005）。那些在创业方面做出努力而受到嘉奖的高校科学家被证实有更高水平的衍生活动、专利产出和授权意向（Huyghe and Knockaert，2015）。学术同行的创业活动情况会促进或者限制他们的同事参与产业活动的意愿和倾向（Haeussler and Colyvas，2011；Bercovitz and Feldman，2008），如果有成功的学术创业者能成为榜样的话，则可以帮助其部门、学校甚至是区域塑造创业文化（Steffensen et al.，2000）。一些高校政策允许职工在创业公司中兼职工作，甚至给予一定的学术假期来达到把技术转移给创业公司的目的。一项对 150 个创立了企业的全职职工的研究表明，在公司创立之前，学术创业家的发表要高于其同行，然而，当公司成立以后，他们的发表数量不但没有减少，反而在一些方面增加了研究产出（Lowe and Gonzalez-Brambila，2007）。

　　然而，也有研究发现，高校对学术资本化的激励政策和道德关注也会限制技术转移努力的产出（Renault，2006）。比如，过于密切的高校—产业合作可能会干涉学术自由，尤其是学术方面追求长期的、非利益驱动的基础研究（Lee，1996）。虽然学术创业逐渐变得合法化，但是在很多体系中仍然面临壁垒，如会担心研究自主性的减少（Rasmussen et al.，2014）。高校职工过多参与创业活动则会有将其时间和精力从学术知识的产生和发表中剥离出来的风险。有时候高校会针对创业活动发布一些相互矛盾的激励政策，如表面上鼓励创业，然而对于教职工的评价还是看重其论文发表情况（Benneworth et al.，2017）。

　　大学环境应当要为学者提供创业实践需要的知识，但是在资源和能力禀赋方面大学也呈现出较高水平的异质性，为潜在的创业者带来了阻碍。因此与创业友好型文化、政策和实践相关的研究主题开始流行。大学及其周围的组织文化对科学家和学者的创业意向会产生影响（Prodan and Drnovsek，2010；Huyghe and Knockaert，2015）。衍生企业所在地区的政策环境、融资环境、经营环境及相关基础设施等对衍生创业企业的发展很重要，宽松适宜的创业环境、支持性的政府政策和多元的融资渠道可以帮助企业更好地面临艰险的生存环境、获得资金支持进而持续经营（夏清华等，2010）。研究表明，为了提升研究科学家对创业活动的兴趣，大学应当创造一种支持创业活动的文化，并且在一些有形资产方面进行投资（Huyghe and Knockaert，2015）。相较研究和教学来说，如果大学的愿景中越强调学术创业，则科学家参与衍生活动和知识产权活动的意愿越强（Prodan and Drnovsek，2010）。作为大学文化的一个独立元素，能够体现特定类型学术创业精神的榜样的存在，会促使科学家有更强的商业化意向（Huyghe and Knockaert，2015）。同时，创业精神榜样也会通过提升科学家的创业自我效能感进而间接影响其创业意向（Urban，2006）。

　　许多研究指出大学如果有支持商业化活动的文化，那么会产生更高水平的商业化结果和更多的衍生活动，但如果大学环境不鼓励创业的话，则衍生活动就会比较少（O'Shea et al.，2007）。Louis 等（1989）发现，当地的群体规范对预测商业化参与程度非常重要，他们认为，商业化参与是一种自我选择，可以产生行为一致性和行为社会化，因为个体会受到其直接同行和同龄人的行为的影响。

　　大学的创业教育也是非常重要的组织支持因素。高等教育在决定个体毕业生的自我雇用和新企业创建机会方面扮演的重要角色已经在很多创业和教育文献中得到证实。因为创业者面临挑战，需要一系列的技能，比如，资本获取及人力资源管理（Urban and Chantson，2019）。创业过程是非常复杂的，需要制定商业计划、在有限的信息背景下做出有效决策等能力（Rasmussen et al.，2011）。初期创业者必须培养或者拥有这些能力，尤其可以通过创业教育和训练计划等方式，提升自己的创业意向和创业自我效能感等（Souitaris et al.，2007；Bae et al.，2014）。只有在一个同行影响、相互支持的创业氛围下，拥有更加多样化的能力及在工作时间上的均衡分配能力才能使科学家有更高水平的创业意向（Moog et al.，2015）。

大学的制度设计对学生和教学人员创业动机的激励作用可能存在差异，一些非正式的因素可能比正式机制在学术创业的环境塑造方面起着更重要的作用。Fischer 等（2019）研究了教职工成员在商业网络活动、创业基础设施、创业友好型实践方面的接近性以及高校的教学导向和研究导向对学术创业倾向的影响。结果表明，那些有利于发展商业网络氛围的大学及其教职工并没有明显更高地参与学术创业的可能性，构建了创业友好型实践的高校中的教职工学术创业的倾向性也没有更强。此外，他们的研究结果发现，男性比女性有更强的创业意向，来自STEM 的学者创建新企业的可能性反而更低，年轻的教职工更愿意创建新企业。

如果大学可以促进创业者与商业网络之间的联系，那么有助于创业者发挥内部能力的杠杆作用（Lockett et al.，2003；Hayter，2016）。物理基础设施和栖息环境，如技术转移办公室、孵化器、加速器、科学园及创业中心等是高校生态系统中非常重要的组成部分（Siegel and Wright，2015；Marzocchi et al.，2019）。这些资源的可得性被证明与高水平的学术创业相关（Majid et al.，2010），因为这些基础设施帮助衍生企业克服了资本方面的约束（Baroncelli and Landoni，2016）。

许多研究区分了研究型大学和教学型大学的创业企业。例如，Abreu 等（2016）分析了学术人员的创业实践，结果表明以教学为主导的大学在地方层面和非正式形式的企业中的参与度更高，而以研究为主导的高校在国际化和更加传统的商业化活动方面表现得更好。教学导向和研究导向的高校在职工创业方面表现有所差异，以教学为主导的高校通常具有较高水平的创业活动，可能主要是因为这些机构的教职工有更多的时间从事商业活动。部分研究也得出了以教学为主导的大学具有促进学术创业和技术集群产生的能力（Calzonetti et al.，2012），因为他们在区域能力建设和网络化方面发挥了积极的领导作用，而不是通过正式的知识商业化途径"推动"创新。但是也有研究认为，研究力量是学术创业的一项可能来源（Link and Scott，2005），因为这些高校在研究上的优势可以帮助其减少在创立新企业时的信息不对称。那些来自研究经验丰富环境里的学者更有能力处理尖端科学，从而通过衍生企业获得开发技术的机会（Link and Scott，2005；Clarysse et al.，2007）。

庞文和丁云龙（2014）根据国外已有的研究成果构建了国家—大学—企业三层次概念模型，对影响衍生企业创生和发展成功的政策原则进行了区分提炼，结果发现，国家知识产权制度、商业化政策，以及大学内部的创业政策、资源支持和创业文化有利于衍生企业的创生。此外，孵化机构对于衍生企业的支持、企业自身的商业模式、管理模式以及产业聚集对衍生企业的成功都非常重要。

国内学者也从区域视角进行了探索。杨德林等（2007）认为，大学衍生企业的活跃度和绩效表现有很强的地理位置差异性，地区的经济文化差异对衍生企业的活动有影响，具体表现在经济比较发达且拥有较多研究型大学的区域衍生企业的发展水平较高。此外，他们也发现政府可以从资源和管理两个方面对衍生企业产生影响，教育部所属高校和其他部委所属高校的科技衍生企业年收入要远远高于地方政府所属的大学衍生企业。

夏清华等（2010）针对我国武汉地区的高校衍生企业的研究结果表明，是否引入代理企业家和外部环境对衍生企业的支持力度、母体大学对衍生企业的支持方式是衍生企业绩效的决定性因素，而技术领先性、技术发明人以往的产业经验对衍生企业绩效并无显著影响，其中外部环境是多种因素的综合作用，包括法律政策环境、风险资本活跃程度、地区的产业机构与创业基础、人才政策等。政府部门及其代理机构可以为高校提供政策支持等，进而影响高校衍生企业的绩效（苏晓华和王招治，2010），许多企业直接或间接都得到过政府的资助，包括税收优惠、自然科学基金、国家"863"计划或"火炬"计划等。

任浩和卞庆珍（2018）明确了大学衍生企业的组织属性，从市场与创新双向驱动解释了衍生企业兴起的原因，强调了技术转移和专利制度的政策支撑作用，以及技术发明人和职业 CEO 双重角色对企业发展的影响，并且对大学衍生企业的阶段特征和运行机制进行了详细阐述。夏清华和黄剑（2019）基于嵌入与脱嵌的二元动态平衡视角，以上海思芮和东软控股为研究对象，讨论了衍生企业在创建期、成长期和成熟期如何利用好内部网络嵌入和脱嵌，从而提升存活概率、降低商业模式刚性，最终实现商业模式创新的问题。

　　第四次工业革命及数字技术的流行（包括 3D 打印、云计算、人工智能等）对学术创业的动机、流程及衍生企业的发展都产生了颠覆式影响，也对学术创业的参与者、参与过程等提出了新的框架（Rippa and Secundo，2019）。最近的利用人工智能产业上市公司数据的研究表明，学术型创业企业更容易产生颠覆性的、突破性的创新成果，并且探讨了政府创新激励政策的作用机制和效果，其中财政补贴比税收优惠对学术型创业企业研发活动的正向促进作用更加显著（杜传忠和刘志鹏，2019）。

　　目前已有的相关研究和文献都是从大学到产业的技术转移角度开展研究，从产业到大学的知识流动研究尚且不足，Meng 等（2019）以清华大学汽车动力与控制研究组的两个成功的技术案例（Anti-Lock Braking System，ABS；Automated Mechanical Transmission，AMT）为研究对象，以创新生态视角为基础探究了学术创业的生态参与者（创业者自己的研发团队、商业合作伙伴及领先用户）在技术不同发展阶段向大学转移的不同类型产业知识及其作用，提出在早期发明阶段，学术创业者可以从其个人产业经验中学到创业的规范；在实践阶段，学术创业者可以从商业合作伙伴那里学习市场信息和互补技术；在故障出现和修正阶段，学术创业者需要从其领先用户那里学习应用场景，从而实现知识从产业到大学的转移。

　　近几年来，制度逻辑也成为研究学术衍生企业发展的重要理论视角。由于学术衍生企业成立的特殊背景，学术创业者企业管理者和投资人等自然携带着不同的制度逻辑，对企业的行为决策和发展会产生影响。学者的学术逻辑在其认知和偏好中根深蒂固（Fisher and Toschi，2016）。尽管学术企业家参与了创业，但其仍然根据所属的学术制度环境来实施他们的企业创业意图，学术型企业家（与非学术型企业家相比）会更多地利用他们对技术能力的认识，而他们的创业自我效能感和对管理技能的认识则要少得多（Fini and Toschi，2016）。Clarysse 等（2023）研究了学术创始人与非学术创始人对企业的发展雄心发现，前者具有较弱的风险增长倾向。随着外部不确定性的变化，学术创业不同阶段的主导逻辑也会发生变化，影响学术创业者的决策逻辑（李怡欣等，2021）。王婧和雷家骕（2022）以同方威视为案例研究发现，高校衍生出来的基于科学的企业具有"差异化需求归因"和"技术机会归因"逻辑，且在不同的阶段两种逻辑的内部结构和作用机制是不断动态演化的。学术创业者的身份转变会影响衍生企业创新投入，学者担任衍生企业的 CEO 会加大企业的创新投入，原因在于学者的职业印记和科学逻辑会影响其在企业的角色扮演行为，但是科学逻辑和商业逻辑之间的冲突对企业的创新投入不利（Li et al.，2021）。学者参与衍生企业经营和研究活动二者之间存在不一致，但参与衍生企业活动对个体科学家后续的研究卓越程度有积极影响，但对研究生产力并没有显著的提高（Li et al.，2022）。衍生企业在创新与经济绩效方面存在差异的原因在于股权结构带来的企业制度逻辑差异，企业法人股东带来更高的经营绩效，而母体组织股东控股会带来更高的创新绩效（柳卸林等，2022）。最近的研究发现，引入外部企业股东可以有效促进学术衍生企业的技术商业化，外部股东的市场逻辑越强，对技术市场化促进作用越明显（邱姝敏等，2023）。目前已有研究认为学术衍生企业主要面临的是市场逻辑和科学逻辑的冲突。市场逻辑广义上指的是自身利益与利润导向，在这种逻辑影响下，行为者的行为主要以商业化为导向（Glynn and Lounsbury，2005）。不同于市场逻辑，学术（科学）逻辑通常由四个维度构成（Sauermann and Stephan，2013）。首先，学术机构的使命是通过基础研究为公共知识库作出贡献，以推进社会目标。在学术界，传统上的重点是产生基本见解，而很少考虑直接的商业应用。其次，研究人员应该根据个人兴趣或基于对科学的预期贡献来选择项目。再次，逻辑规定了研究成果需要公开披露。最后，对学者来说，最重要的奖励是同行认可和个人在科学界的地位（Murray，2010）。但实际上除两者之外，学术衍生企业还面临场域中多个组织带来的多重制度逻辑，如社区逻辑、政府逻辑、社会逻辑等。

总体来看，该研究视角主要从资源依赖理论、制度理论、制度逻辑视角等出发，研究产业环境和大学相关政策、衍生企业多个利益相关者的诉求对衍生企业的支持和抑制，暂且形成了较为一致的结论，为大学和政府有关部门提出了一定的建议和指导，但研究主要基于发达国家的学术创业实践。

2.1.4 衍生企业对区域经济发展的影响研究

大学被广泛认为在动态变化的知识经济中扮演着重要角色，无论是出于给社会输送人力资本的目的，还是承担着将有价值的知识转移给社会的责任。由于在位企业往往在给市场带来全新的技术方面存在很多困难，大学在创建高技术企业方面成为一个重要源头，大学衍生企业也是实现技术转移的重要机制，进而实现知识生产和扩散。学术创业在过去几十年里逐渐成为一种合法化的活动（Stuart and Ding，2006），学术创业的绩效对国家、区域和企业来说都十分重要（Wright and Phan，2018）。

　　1997 年，波士顿银行对麻省理工学院的衍生企业进行测算，发现当年有超过 4000 多家的衍生企业为美国提供了超过 110 万个工作岗位，带来了 2320 亿美元的销售收入，约为当时南非的国内生产总值。而根据大学技术管理协会（AUTM）的统计，1980—1999 年，美国的学术机构衍生企业为美国社会贡献了 28 万个工作岗位（O'Shea et al.，2005）。根据中国教育和科研计算统计数据，2000 年，我国普通高校科技型衍生企业共有 2097 家，总收入为 368.12 亿元，利润总额达 35 亿元（杨德林和邹毅，2003）。在区域影响方面，对新业务创造、知识转移和受过良好教育的人才流入影响巨大（Leydesdorff et al.，2006），可以为产业界提供接受过高质量教育的人员。学者以英国的纽卡斯尔和荷兰的特温特两所城市为例探究了大学衍生企业如何通过知识积累的机制提升区域经济水平（Benneworth and Charles，2005）。学术创业不仅在学术文献中受到极大关注，也成为构建知识型社会的政策团体关注的重要问题，这也使各国和地区开始重视创业型大学的发展和影响。

　　20 世纪 80 年代早期，创业型大学的概念开始被人们所接受，发达国家的大学变得越来越创业化。尽管各个国家的起点和方式不同，但"创业型大学"的概念已经成为一种具有同构路径的全球现象（Etzkowitz et al.，2000），学者认为大学校园是创业生态系统中的关键要素，将大学作为知识从学术界到产业界转移的直接渠道，并关注大学如何通过产生衍生企业而成为创业活动的核心机构（Siegel and Wright，2015）。已有文献主要研究了创业型大学产生的前因后果以及相关的决定因素。具体分析来看，大部分研究都着重阐述大学（高校）通过探索和开发创业机会从而在区域经济和社会发展中起到的重要作用（Bienkowska et al.，2016；Bramwell and Wolfe，2008；Guerrero and Urbano，2012），其中包括创业型大学的本质和关键活动，尤其是在除教育和研究活动以外的高校第三使命——研究商业化的参与方面（Galán-Muros et al.，2017）。学术界为经济变化营造相应的环境和产生产业竞争力是其除研究和教学活动以外的重要任务（Siegel and Wright，2015）。基于这一点，全世界范围内的高校都在努力营造能够促进学生和教职工创业的环境（Guerrero et al.，2016）。但是已有研究多关注高校在创生衍生企业方面的巨大成效，实际上除硅谷、128号公路这些非常成功的案例之外，许多高校的创业成果很不理想（Siegel and Wright，2015）。

已有研究着重强调创业型大学的发展，将其看作嵌入多层的系统，并且包含多个层次，从同事和监管者到研究团队和部门，再到职工和中央管理者。为了发展成为创业型大学并且避免一切可能的阻碍，大学必须设定长期的战略目标，从各个层面获得支持，才能更好地实现创业目标，为经济和社会作贡献（Bienkowska et al.，2016；Galán-Muros et al.，2017）。此外，也有研究对创业型大学的影响做出了评估，创业型大学可以从区域层面促进各个主体之间的合作，进而通过合作网络间的隐性知识共享支持新创企业的形成和发展，同时也参与到人才吸引和留用的有效循环中（Bramwell and Wolfe，2008；Guerrero and Urbano，2012）。

这一研究领域主要关注知识和技术转移的过程，以及具有创业导向的学术机构、研究者和毕业生在产生新的经济价值方面的角色。将学术创业者作为通过知识转移和衍生企业实现区域经济和社会发展过程中的催化剂。因此，将学术创业作为一个生态系统进行分析，包括个体、组织及制度因素等。这强调了学术创业和创业型大学的角色转变，随着社会越来越具有创业开拓性，大学的角色也相应拓展，大学除需要产生技术转移和基于知识的衍生企业外，还要致力于不断提升创业资本和激励创业型社会繁荣发展（Audretsch，2014）。学术创业在这里被看作一种超越了单纯的商业行为的工具，是可以通过创造新产品和服务来提升人们生活品质和便利程度的具有社会影响力的行为。从这个视角出发，可以研究学术创业是如何促进经济和社会发展的，并且在此基础上探究一些潜在的促进和阻碍因素。

Wood（2011）提出应该从过程视角来研究大学如何追求创业化发展。根据他的观点，这种过程视角要求我们了解大学是如何参与学术创业的，他提出了一种基于过程的学术创业模型，该模型包括以下阶段：①创新披露和知识产权保护；②认识并确保产业伙伴关系；③商业化机制的选择，通过使用技术许可协议或发起一个全新的业务（通常称为衍生企业）来实现；④商业化，在这个阶段大学及其产业合作伙伴决定尝试通过许可协议或创建衍生企业将创新商品化。

任梅（2019）从耦合视角出发实证研究了大学学术创业与我国31个省份（不包含港澳台地区）区域经济发展的关系，得出了各区域的耦合度情况总体良好、学术创业优先度发展不均衡、东中西部和东北部区域层次差异显著的结论，其认为大学学术创业应当立足区域经济发展需求，以市场为导向。

已有研究从高校衍生企业的产生和知识与技术的商业化活动展开，关注了高校衍生企业的动态发展过程和为了实现可持续收益阶段所需要克服的关键节点。张晨宇和白朴贤（2019）从国家创新系统视角出发，对大学衍生企业的创新投入和产出两个方面进行了探讨，其基于沪深上市企业面板数据的实证研究发现，大学衍生企业相比其他非大学控制的上市企业，有更多的研发投入和专利授予，并且拥有更高的创新水平。

随着第四次工业革命的到来，数字技术（如社交媒体、物联网、云计算、区块链、大数据和 3D 打印等）快速发展，最近的研究也开始关注数字技术对学术创业的影响。数字技术为创业者开启了很多创新的机会（Yoo et al.，2012），甚至可能成为学术创业中的关键性创新来源。Rippa 和 Secundo（2019）在前者的基础之上，基于定性文献综述和案例，从为什么学术创业会采纳数字技术（Why）、数字学术创业的新兴形式（What）、通过数字技术实现学术创业目标的利益相关者（Who）、数字技术如何支持学术创业的过程（How）四个方面提出了学术创业的未来研究框架。因此，数字技术对学术创业的影响也在未来值得探究。

综上所述，笔者对学术创业的相关研究视角进行了分类和概括，同时国内外相关文献研究采用的方法也是从定性案例研究到定量研究。表 2.1 总结了近年来国内学术创业部分实证研究使用的变量及研究方法。

表 2.1　国内学术创业部分实证研究汇总

作者	研究层面	实证方法	研究样本	企业绩效测度
陈劲和朱学彦（2006）	学术创业者	回归分析	中国学术型创业者	销售额、盈利性、成长性、满意度、雇员数
杨德林等（2007）	衍生企业	统计对比分析	我国 111 所研究型大学统计数据	企业总年收入
周一杰和王柏轩（2009）	衍生企业—母体关系	案例研究	中国地质大学衍生企业——中地数码	企业与母体的互动发展模型、企业回馈母体、母体支持企业
苏晓华和王招治（2010）	衍生企业—母体关系	逐步回归法	我国 31 家上市高校衍生企业的二手数据	企业托宾 Q 值
夏清华等（2010）	衍生企业	Logistic 回归	我国武汉地区高校衍生企业的调查问卷	企业存活时间、企业家预测能够持续经营 8 年的可能性

作者	研究层面	实证方法	研究样本	企业绩效测度
李雯和夏清华（2012）	学术创业者	结构方程模型	112所"211工程"大学410家衍生企业	创新绩效、经营绩效
原长弘等（2013）	衍生企业	面板负二项回归	中国23家高校上市公司2001—2010年的数据	自主创新能力（专利数）
易朝辉和罗志辉（2015）	衍生企业	结构方程模型	湖南省等134家衍生企业	销售增长率、长期生存、顾客的信任水平、产品服务满意度和维持与企业关系的意愿等
卜庆珍和任浩（2015）	衍生企业—母体关系	案例研究	某铁路电子设备供应商	衍生企业发展空间
易朝辉和管琳（2018）	学术创业者	结构方程模型	203家中国大学衍生企业	销售增长率、平均利润率、可感知的竞争优势
卜庆珍等（2018）	衍生企业—母体关系	结构方程模型	中国卓越联盟大学的156家衍生企业	成长性、获利性
任梅（2019）	区域经济	耦合度模型	我国31个省份（不包含港澳台地区）的大学2014—2018年的数据	耦合度、协调度、优先度
张晨宇和白朴贤（2019）	衍生企业	多层回归、PSM	2007—2016年A股大学衍生企业	企业专利授予数
郭峰等（2019）	学术创业者	多层回归分析	248位创办公司或正进行科研成果商业化的高校/科研机构人员	学术创业绩效（经济收益、社会效益）
杜传忠和刘志鹏（2019）	学术创业企业	数值模拟分析	32家人工智能产业A股学术型创业企业	利润率、研发投入占比
李雯和杜丽虹（2020）	大学衍生企业	多元回归分析	379家大学衍生企业调研数据	网络惯例、产业网络嵌入
肖建华和王若凡（2021）	科研组织衍生企业	固定效应面板回归分析	95家科研组织上市衍生企业	ROA、ROE、销售净利率、营业利润率、利润增长率、营业利润增长率
李怡欣等（2021）	学术衍生企业	叙事分析	3家学术衍生创业企业	技术积累阶段、试制品阶段、产品阶段决策逻辑
柳卸林等（2022）	科研院所衍生企业	动态面板GMM分析	577家中国科学院直属研究院所衍生企业	营业（营业收入）、创新（专利授权数量）

续表

作者	研究层面	实证方法	研究样本	企业绩效测度
肖建华和王若凡（2022）	科研组织衍生企业	回归分析	94 家科研组织上市衍生企业	ROA、ROE、销售净利率、营业利润率、利润增长率、营业利润增长率
熊文明和沙勇（2023）	学术衍生企业	层次回归分析	161 家衍生企业调研数据	成长绩效（销售额增长率、利润增长率、员工数量增长率、企业声誉提高）
肖建华和冉晨欣（2023）	科技衍生企业	固定效应面板回归分析	195 家上市科技衍生企业	创新投入（研发投入强度）、创新竞争优势（销售毛利率）
李晓华等（2023）	学术创业企业	案例分析	4 家人工智能技术驱动的学术创业企业	学术创业企业如何跨越"死亡之谷"
邱姝敏等（2024）	科研院所衍生企业	泊松伪极大似然估计回归	601 家中国科学院衍生企业	技术市场化（新产品投产数量）

2.2 理论基础

2.2.1 资源基础理论与资源依赖理论

Wernerfelt（1984）提出了企业的资源基础理论，象征着该理论的诞生。资源基础理论主张企业之间的绩效差异在于其拥有的资源，该理论主要有两个假设：第一，产业中的组织各自拥有不同的资源；第二，这些资源并不能在组织之间非常完美流畅地流动，因此组织资源上的异质性是可以持续很长时间的（Barney，1991）。资源基础理论试图解释组织在竞争环境中如何保持独特且持续的位置，是以企业为分析层面的理论，而不是聚焦于产业或者群组层面。因此，该理论主要的核心思想是，组织基于其拥有的资源和能力与其他组织进行竞争，组织的竞争者可以从它们拥有的产品、资源、能力及替代品的相似性来判断。资源是可以给组织带来优势的任何东西，包括有形和无形的资产，例如，员工的知识、技能，机器和技术、资产及流程工序等。组织资源可以帮助企业更好地参与竞争，完成其使命、愿景及战略目标等（Porter，1985）。随着知识经济的提出，知识被认为是 21 世纪企业最特殊的资源，企业需要对内部知识进行管理和学习才能不断获得知识。企业的能力也是一种资源，但是也有研究将能力和资源区分开来，能力是难以观察出来的无形资源，会随着其所属单位的移动而流动。企业想要获得持续的竞争优势，需要掌握有价值的、稀缺的、难以模仿的及难以替代（VRIN）的资源（Barney，1991）。

但是，资源基础理论也受到了一些批评与质疑，有学者认为该理论没有关注企业所处的环境，组织获取和使用资源的方式与企业的组织环境不可分割（Priem and Butler，2001）。与资源基础理论强调企业内部相比，资源依赖理论强调环境与组织之间的关系及外部环境对企业资源获取的重要性，认为外部资源的获取对企业的发展和创新非常重要，其基本假设是任何企业无法拥有创新和参与竞争的所有资源，企业是无法自给自足的，需要从企业外部获取。而企业的吸收能力和组织学习能力是企业充分利用外部资源、为企业创造价值的关键。因此，企业所处的环境能否为企业提供相关的异质性和互补性资源是非常重要的考虑因素，企业也需要管理好与其所依赖的组织之间的关系，降低对外部组织的依赖程度，减少环境不确定性带来的影响。

综上所述，资源基础理论和资源依赖理论是从企业层面来分析企业竞争优势和生存发展的重要理论。对于衍生企业来说，创业初期面临着资源匮乏、资金缺失等众多挑战和困难，需要从外部获取资源，无论是母体大学、政府，还是产业合作伙伴及创业者个人都可以为企业的发展提供帮助。同时，企业内部拥有的技术人员、知识积累、基础设施及学习能力和吸收能力也都是能为其带来竞争优势的重要资源。因此，这两个理论也作为本书的理论基础进行分析和提出假设。

2.2.2　生态系统观

生态系统的概念最早由英国的生态学家 Tansley 提出，在管理学领域中指的是一组相互影响的企业依赖于其他企业的活动（Jacobides et al.，2018）。Moore（1993）将生态学概念引入战略管理领域，将组织间的交互和关联比喻为生态系统，提出了"商业生态系统"的概念。在商业生态系统中，企业围绕着一项新的创新而"共同演化"，它们通过合作和竞争来支持新产品并满足客户需求，组织不仅属于一个单独的产业，而是属于横跨多个产业的商业生态系统中的一部分。

例如，Apple Computer 领导着一个涵盖个人计算机、消费电子产品、信息和通信的生态系统。在任何更大的商业环境中，可能都存在争夺生存和主导地位的多个生态系统，例如，个人计算机中的 IBM 和 Apple 生态系统或折扣零售中的沃尔玛和 K-mart。商业生态系统关注的是企业及其周围的环境。

随后，Adner（2006）将生态理论引入创新管理范畴，引起了学术界和产业界的广泛关注。创新生态系统指的是一个多组织相互关联的网络，围绕着核心企业或平台，包括生产者和用户端的参与者，通过创新来实现新的价值创造的网络（Autio and Thomas，2014）。创新生态系统关注的是围绕一个具体的创新或者新的价值主张，以及支持该创新的一系列主体。创新生态系统流派关注具体的创新以及支持创新的上游的组件集合和下游的互补者集合，创新生态系统研究强调主体之间的相互依赖性，将生态系统看作"企业将各自提供的物品进行合作安排最终变成面向顾客的一致的解决方案"。已有研究强调，相互依赖的参与者如何进行互相作用来为终端顾客创造价值，如果生态系统中缺乏协作，那么创新最终就会失败（Adner et al.，2010）。对于共同价值主张的关注使得创新生态系统研究不同于以往的联盟或组织网络。但随着创新生态系统的研究逐渐成熟，其概念和理解也一直在不断演化和发展。生态系统相关研究发展得比较晚，目前正处于快速增长阶段，并且还处于努力对相关的定义达成共识的阶段。

此外，随着互联网和数字经济的发展，对于平台生态系统的研究也逐渐增多。该流派关注了主体们是如何围绕一个平台进行组织的（Gawer and Cusumano，2014；Choudary et al.，2016），而不是终端用户的价值主张，例如，Winterl 架构、iOS 操作系统等，通常强调网络效应。平台领导者的功能主要是制定系统目标、维持系统稳定、定义成员角色，并且建立相应的标准，避免各方攫取太多价值。通过构建平台以及围绕平台的生态系统，美国的 IBM、Facebook 和 Apple 等企业实现了迅速扩张并保持行业领先地位，思科通过并购获取互补性资源进而拓展自身的创新活动，阿里巴巴的商业成功得益于其基于互联网平台建立的生态系统。

研究指出，大学在创新生态系统中扮演着重要角色。大学可以扮演生态系统编排者的角色，将其自身拥有的智力、声誉及金融资本战略性地运用于建立和维持一个生态系统（Heaton et al.，2019）。成功的创新生态系统需要对其商业和法律环境的变化做到灵活地适应，并且是在不断演化中的，比如，硅谷和波士顿128 号公路。小米的快速发展与其构建的以用户为核心的生态系统密不可分；安卓手机操作系统允许终端用户参与系统的开发与改进，允许手机软件公司基于公开的源代码开发应用，整个安卓系统背后的创新生态系统帮助其获得了竞争优势。但因为不重视创新生态系统的构建而导致失败的案例在我国也屡见不鲜。组织要适应外部环境，同时也会塑造外部环境。当组织与其他拥有互补性资源、技术或者市场的组织相互联系时，其绩效可以得到提升。类似地，当组织不关注这些相互依赖性时则会遇到问题（Shipilov and Gawer，2020）。虽然生态系统视角长期以来被用于理解产业动态性（Moore，1993），并且在管理学领域（Iansiti and Levien，2003）和经济地理学（Kenney and Burg，1999）文献中逐渐出现，但是近年来也开始用于学术创业的情境中（Meng et al.，2019），如可以探究支持项目的结构和有效性（Swamidass，2013；Clarysse et al.，2014）。

2.3 现有文献评述与研究框架

通过对已有相关文献进行回顾，发现现有研究存在以下不足：首先，国内已有大量研究关注了创业者微观个体因素对创业绩效的影响，现有关于衍生创业企业战略和创业研究的文献多从学术创业者的认知层面和创业导向视角展开，或者从母体大学的资源溢出的角度研究资源对衍生企业的影响。尽管学术创业者对创业企业的发展和决策有重要影响，但是衍生创业企业作为新进入企业，面临在位企业的挑战和行业壁垒等，技术型企业想要在激烈的市场竞争中生存，企业自身知识资源、人力资本等因素的影响也同样重要。Siegel 和 Wright（2015）提出要重新思考学术创业的相关研究，认为学术创业过程中涉及越来越多的利益相关者（包括在校生、年轻教职工、校友、博士后、联邦代理机构等），并且大学在这项活动中变得更加具有"战略性"，学术创业需要从学校层面、政府政策制定和评估层面充分考虑。因此，研究衍生企业绩效的影响需要将企业自身因素和母体机构的因素共同纳入一个框架中进行系统考虑。

其次，现有研究缺少对衍生创业企业外在环境因素的系统性研究。现有关注衍生企业的研究大多从静态视角出发，忽视了创业过程的动态性，研究多采用横截面数据和案例研究，得出的结论缺乏连续性。对于衍生企业的后续发展及相应的发展战略并未进行足够的研究，但衍生企业的发展是动态性的过程，以往的研究把学术创业看成一个独立的活动，往往忽略了学术创业在各个阶段的不同，然而学术创业的过程包含了一步步的技术演化（Johnson，2011），以及在不同的创新阶段对产业知识不同的需求（Knudsen，2007）。因此，还需要对学术创业制度和组织层面的影响因素进行更深的定量与定性纵向研究（Gümüsay and Bohné，2018），得出更具普适性和可靠性的研究结论。此外，虽然生态系统的研究已经开展了一段时间，但以创新生态系统为思路的战略选择和制定逐渐成为企业和学术界关注的话题。然而将生态系统视角运用到学术创业的情境中才刚刚开始。学术创业受到其所在的创业环境及生态系统的影响，相关研究也日益受到关注（Meng et al.，2019），但是对如何影响创业企业的相关生态策略以及生态参与者并未进行深入研究。学术创业的相关研究应当从学术创业生态系统的角度出发，学术创业是一个动态性的、多层次的生态系统，由个体、组织和制度环境等各个水平的主体参与（Harrison and Leitch，2010；Hayter et al.，2018；Audretsch et al.，2019）。面对复杂的竞争环境和市场动态变化，创业企业需要通过嵌入已有的生态或者构建生态策略更好地发展企业并实施创新。目前，创新生态策略的研究多基于定性案例研究方法，很少运用定量方法探究创新生态战略和生态演化等。柳卸林等（2016）采用调查问卷的方式分析了企业创新生态战略对创新绩效的影响，构建了"参与动机—生态战略—创新活动"的框架模型，认为企业是否拥有关键核心技术会影响企业选择生态战略，并进一步影响企业的突破性和渐进性创新，但是这仅从企业技术端进行了解释。生态系统战略对于衍生企业的影响还需要进一步探究。

最后，新兴经济体在国际上扮演的角色日益重要，已有研究多针对发达国家的情境和学术创业情况，针对新兴经济体环境下的学术创业研究还十分缺乏（Belitski et al.，2019），学者提出未来研究应当探索学术创业在激励新兴国家经济和社会发展过程中的重要性（González-Pernía et al.，2013）。已有研究针对发达国家学术创业情境得出的结论对后发国家的适用性还有待观察，对新兴经济体的学术创业机制和影响因素的研究结论将为其他发展中国家提供很好的参考和借鉴。

综上所述，本书将聚焦于衍生企业的创新行为与创新战略的影响因素，从生态系统视角出发，结合资源基础理论与资源依赖理论作为研究理论分析的基础，试图从投资主体和投资活动视角来研究衍生创业企业构建与嵌入生态的行为，结合衍生企业自身的资源和能力探究以上因素对衍生企业创新绩效和经济绩效的影响。本书将衍生企业的创新生态战略分为嵌入生态战略和营造生态战略，研究中国情境下的衍生企业生态战略对企业创业绩效的影响，我们关注的不是创业者个体，而是从更系统的生态视角来考察母体机构的特征、环境特征以及企业内在因素对学术创业企业发展的影响，揭示学术创业中的具体策略以及分析何种因素影响学术创业绩效。本书的研究框架如图 2.1 所示。

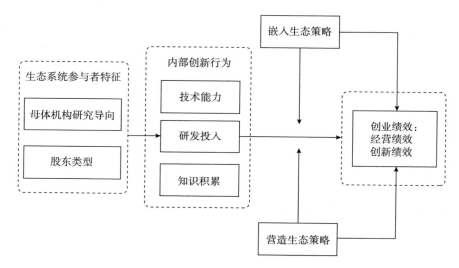

图 2.1　本书的研究框架

第3章 基于文献计量分析的学术创业研究现状与热点趋势评析

3.1 引言

创新和创业对国家和地区的经济增长具有重要作用（Audretsch and keilbach，2004）。近年来，中国越来越强调自主创新的重要性，实施创新驱动发展战略，将企业作为创新的重要主体（柳卸林等，2017）。创业过程往往会带来新的产业组织形式、新产品和新服务，并且可以拉动大量就业，尤其是科技型创业企业对创新、就业、出口和区域发展等有突出的贡献（荣健和刘西林，2016）。

学术创业指的是学者将自己的科研成果通过创办衍生企业、申请专利及许可授权等方式进行商业化应用的过程（Jain et al.，2009；Grimaldi et al.，2011）。学术创业被认为是通往知识经济的重要促进元素，也是推动高科技企业衍生的核心力量（Rothaermel et al.，2007）。高校衍生企业和学术创业者是颠覆性创新的潜在来源（Skute，2019），斯坦福大学、麻省理工学院等顶尖高校衍生出了许多高科技企业和创新成果，美国硅谷和128号公路成为科技型衍生企业诞生的典型区域，英国的剑桥郡及中国的中关村等也相继诞生了许多衍生企业。但是，高校科技成果转化面临许多共性问题，衍生创业企业往往面临资金短缺、管理技巧与市场经验匮乏等问题，因而成功概率很低（Oakey，2003），许多高校培育的衍生企业数量仍然有限（O'Shea et al.，2005）。改革开放以来，我国对科研创新的重视程度不断提高，对科研人员的激励也逐渐重视起来，高校和科研院所的论文发表数量和专利申请数量逐年增多并位于世界前列。虽然近年来我国高校科技产业规模不断增长，涌现了北大方正、东软集团、科大讯飞、复旦复华等一批能力很强的科技型企业，但是我国高校的科技成果转化率整体水平偏低，与发达国家相比存在较大差距，创业活动中高技术创业比例仅有 3%①。

国内外关于学术创业的研究越来越多，极大地促进了该研究领域的发展。已有关于学术创业的研究主要从三个层面进行展开：①系统层面（Audretsch，2014；Bienkowska et al.，2016），强调制度因素和环境特征对高校衍生绩效和衍生企业发展的影响；②高校层面（O'Shea et al.，2007；夏清华和李雯，2012），研究学校科技实力、组织机构设计和资源禀赋等对衍生率和衍生企业的影响；③学术创业个体层面（D'Este et al.，2012；Guo et al.，2019；郭峰等，2019），侧重学术创业者的身份认同、创业导向及学者个人特质对学术创业绩效的影响。同时，国内外学者也从多个角度对学术创业相关研究进行了综述和总结。例如，Grimaldi 等（2011）总结了美国《拜杜法案》实施 30 年来学术创业和技术转移方面的进展；Skute（2019）对近 15 年来的学术创业相关成果进行了总结。虽然已有研究从多个层面对学术创业进行了研究，但是多为定量的实证分析或者案例研究，而国内目前已有的学术创业相关热点分析和综述类研究文献明显不足，已有从文献分析视角分析的论文要么只关注国外研究进展，要么只关注国内研究，如对创业型大学研究的未来走向（刘叶，2018）、高校技术转移的理论前沿（陈红喜等，2018）、中国大学技术转移的理论动态（陈艾华等，2017）等进行了阐述。但是截至目前仍然缺少对国内外学术创业相关研究和成果进行对比和总结的文章。近年来，学术创业的重要性日益显现，创业热度越来越高，系统、全面地对学术创业自诞生至今的趋势特征进行分析并进行国内外比较十分有必要，可以为促进我国高校和科研院所科技成果转化提供借鉴，为推动学术创业相关理论研究和具体实践提供参考。

与传统的定性综述类研究相比，从知识图谱出发对文献进行定量的计量分析和可视化，可以帮助我们更加全面、直观地跟踪与评估相关研究进展。为有助于我们更系统地了解国内外学术创业的研究进展、研究内容的内在关联和不同时期的时代主题，把握理论前沿，更好地开展相关研究，为相关理论和实践作贡献，笔者结合前人研究成果利用可视化软件 CiteSpace，通过文献计量分析方法，对 WoS 核心集以及 CNKI 中的学术创业相关文献进行系统性分析，回顾了 1990—

① 资料来源：清华大学《全球创业观察（GEM）2017/2018 中国报告》。

2023 年国内外学术期刊中学术创业相关研究的国家分布、机构分布、作者分布和关键词共现等文献的基本特征，展示了该领域的国内外研究概况和演进，并提出了未来的研究趋势。

3.2　研究方法与数据来源

随着时间的推移，科学研究的重点也会发生变化，科学发展的足迹可以从已经发表的文献中提取（Kuhn，1962）。科学计量方法作为一种交叉研究方法，通过运用数学方法，对科学活动的各方面和整体态势进行量化分析，从而揭示科学活动的发展规律（Repiso et al.，2018）。CiteSpace 自诞生以来，被广泛应用于多元、分时、动态的引文可视化分析，该软件可以对研究热点、研究前沿和趋势进行探测（Chen，2006）。基于知识图谱的方法与传统定性综述研究相比，更加全面和直观。通过数学方法对某个研究领域的整体发展进行定量研究，可以揭示各方面的发展规律。因此，通过科学计量方法来梳理学术创业的整个发展历程、了解不同时期的研究热点、构建系统的未来研究框架，具有十分重要的理论和实践意义。

为了更好地进行文献回顾，首先要建立相关文献数据集。本章关注的是国内外学术创业主题的研究，研究样本包括国内和国际期刊中以学术创业为主题的文献。因此，参照前人的检索规则（Skute，2019），本章在 WoS 核心合集上对近 30 年来有关学术创业的研究进行了检索和统计。众所周知，WoS 数据库中包含了众多有影响力的核心学术期刊和高质量的同行评议论文，收录了自然科学、生物医学等多个领域的学术信息，包括 SCI/SSCI/CPCI-S 论文数据集，为我们提供了丰富、有价值的科研信息。

本章的检索细节如下：检索时间为 2024 年 6 月 30 日，通过使用基本检索功能，输入检索语句 "academic entrepreneurship" OR "academi* spin*" OR "universit* spin*" OR "academi* commerciali*ation" OR "universit*commerciali*ation" OR "entrepren*universit*" OR "entrepren* academi*"，检索条件设为以检索标题、摘要、作者与关键词等为基准，将检索时间段定为 1990—2023 年，并且在检索结

果中只选定"article"发表，最终显示出近 30 年来一共有 1471 篇外文文章。这些文章类型相对广泛，为了减少误差，笔者采取人工判别筛选法，阅读了所有文献的题目和摘要，排除了一些和学术创业文献相关性不大的领域类别，对文献做进一步匹配，例如，排除了发表在 *Spine*、*Neurosurgery*、*Pain Medicine*、*PM&R*、*Spine Journal* 等期刊上的文章。与此同时，为了保证文献检索的全面性，不遗漏重要文献和前沿成果，笔者重点查询了和学术创业研究高度相关的几大国际期刊，如 *Research Policy*、*Journal of Technology Transfer*、*Technovation* 等，最终得到了 1172 篇文章。与此同时，笔者在 CNKI 数据库中以"学术创业""衍生企业""创业型大学"和"学术型创业者"为主题关键词，与英文文献检索方式一样，以 1990—2023 年为时间窗口进行检索，文献类型选择"期刊"，语言选择为"中文"，共得到 975 条检索结果。为了提高分析效度，笔者采用人工识别法，删掉了不符合研究主题的文献（大多为金融领域的金融衍生品相关文章），以及会议通知、书评、读书报告、公示等非学术类文章和公司衍生企业的相关文章，最后得到 484 篇中文文献。根据 CiteSpace 软件的数据输入要求，笔者将所有文献摘要及其关键词信息导出，作为研究的数据池。

3.3 国内外学术创业可视化分析

3.3.1 年度和数量分布

我们将从 WoS 数据库和 CNKI 数据库收集到的文献数据按照论文发表年度和发表数量进行统计，其趋势变化如图 3.1 所示。可以发现，有关学术创业 / 大学衍生主题的外文文献数量在近 30 年来几乎一直呈现指数级上升的趋势。其中，1997—2002 年一直呈现比较平稳和缓慢的发展态势，属于学术创业研究的初期阶段；2003 年学术论文发表数量开始达到两位数，发文量迅速增长；2013 年开始呈爆发式增长；2019 年达到了 94 篇。虽然有些年份的发表数量稍有减少，但总体趋势是快速增加的。可见未来一段时间，学术创业相关研究将仍然保持较高的热度。此外，我们也发现近 30 年来学术创业领域的科研人员数量也呈现迅速增长的趋势。

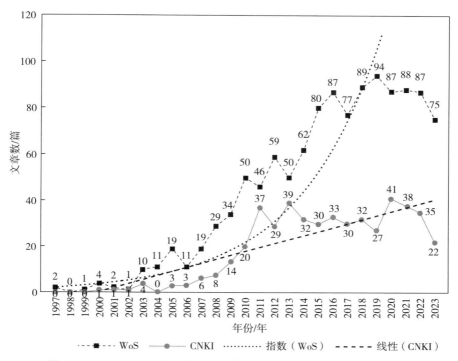

图 3.1　1997—2023 年国内外期刊学术创业研究发表论文数量及趋势

同时，由图 3.1 可知，国内相关研究起步较晚，一直到 2000 年才有第一篇相关文章。范德清等（2000）阐述了中国大学科技产业的发展情况和制度创新，这也与我国相关科技成果转化法律法规的颁布时间相吻合。我国于 1996 年首次颁布了《中华人民共和国促进科技成果转化法》，在 1999 年出台了《关于促进科技成果转化的若干规定》，进一步鼓励科研机构、高校及科研人员进行科技成果转化。随后有关创业型大学、大学衍生企业的研究开始兴起。2007 年以前国内每年发表相关论文数量不超过 5 篇；2008 年以后每年相关研究文献才开始超过 10 篇；在 2020 年达到峰值，为 41 篇。整体来看，国内相关学术论文数量和国外相比明显更少，一方面是由于我国相关制度发布较为滞后，学术创业实践较少；另一方面是由于随着国内学者学术水平的上升，存在少许国内学者开始将相关研究成果发表在国外期刊上的情况。

以上数据和现象表明，学术创业相关研究已经成为科技创新研究领域的热点问题，国内外发表论文数量的差距比较大，需要对过去的国内外研究热点进行系统性总结，从而跟随研究前沿挖掘新的热点，为未来我国学者发表高质量的相关研究成果提供思路和指导。

3.3.2 期刊及学科类别分布

首先，我们对收集的 1172 篇外文文献在各个期刊上的分布做了描述性统计，前 20 位如表 3.1 所示。除这些期刊外，我们也发现有少量文献发表在 *Journal of Management Studies*、*Journal of Business Research*、*Management Science*、*Strategic Entrepreneurship Journal* 等管理学顶尖期刊上。*Journal of Technology Transfer* 上的发文量排名第一，超过 100 篇，其次是 *Research Policy* 和 *Technovation* 也有超过 40 篇的发表数量，前三大期刊发表的文章数量占据了所有发表数量的 18.25%。其余期刊上发表数量分布相对平均。总体来看，学术创业相关文章发表的期刊涵盖范围很广，创新创业领域的期刊较多。这也意味着，尽管学术创业现象逐渐受到各界的关注，但发表主要还是集中在少数创业和创新管理相关的学术期刊上。

表 3.1　学术创业研究发表在英文期刊上的情况（前 20 位）

排名	期刊名称	数量	占比 /%
1	*Journal of Technology Transfer*	104	8.87
2	*Research Policy*	66	5.63
3	*Technovation*	44	3.75
4	*Industry and Higher Education*	35	2.99
5	*Small Business Economics*	31	2.65
6	*Technological Forecasting and Social Change*	29	2.47
7	*International Entrepreneurship and Management Journal*	23	1.96
8	*R & D Management*	19	1.62
9	*Science and Public Policy*	17	1.45
10	*Sustainability*	16	1.37
11	*Technology Analysis Strategic Management*	15	1.28
12	*International Journal of Entrepreneurial Behavior Research*	14	1.20
13	*International Journal of Innovation and Technology Management*	12	1.02
14	*Journal of International Entrepreneurship*	12	1.02
15	*Journal of Small Business and Enterprise Development*	12	1.02
16	*International Journal of Technology Management*	11	0.94

续表

排名	期刊名称	数量	占比 /%
17	*Journal of Business Venturing*	11	0.94
18	*Studies in Higher Education*	11	0.94
19	*Economics of Innovation and New Technology*	10	0.85
20	*European Planning Studies*	10	0.85

与此同时，我们列出了英文文献对应在 WoS 学科分类上的发表数量分布，如图 3.2 所示。结果发现，与学术创业高度相关的排名前三位的学科类别分别是管理学（609 篇）、商业（392 篇）及工程工业（168 篇）。这也与上述学术创业文章发表的期刊形成了对应。此处要说明的是，一篇文章可以同时从属于多个学科类别。从图 3.2 也可以看出，学术创业既属于比较聚焦的研究话题，主要在管理学和创业领域；同时也是一个多学科的现象，涉及地理学、历史学及环境科学等学科。

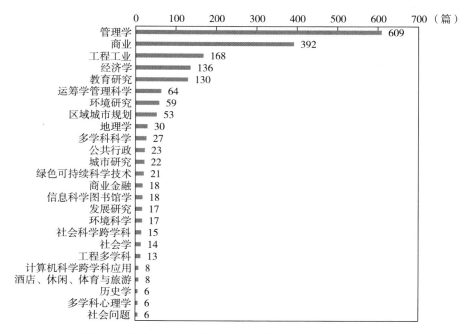

图 3.2　学术创业相关英文文献对应 WoS 类别的分布情况

由于中文文献的发表数量较少，在此我们只列出文章数量排名前 10 位的期刊名称，如表 3.2 所示，依次是《科学学研究》《科技管理研究》《教育发展研究》《科技进步与对策》《高等工程教育研究》《中国高校科技》《科学学与科学技术管理》《江苏高教》《清华大学教育研究》《高校教育管理》。国内文章发表在企业管理、教育类期刊上的占据大多数，主要是因为在知识经济时代，大学除教学、科研等传统职能外，也承载着服务区域经济发展的"第三使命"（Etzkowitz et al.，2000），学术创业的绩效是创业型大学的一项重要考量指标，因此基于创业型大学建设、高校创业教育、高校 / 教师转型的研究主题较多。

表 3.2　学术创业研究发表在中文期刊上的情况（前 10 位）

排名	期刊名称	文章数量 / 篇	占比 /%
1	《科学学研究》	25	5.17
2	《科技管理研究》	24	4.96
3	《教育发展研究》	21	4.34
4	《科技进步与对策》	21	4.34
5	《高等工程教育研究》	19	3.93
6	《中国高校科技》	16	3.31
7	《科学学与科学技术管理》	15	3.1
8	《江苏高教》	14	2.89
9	《清华大学教育研究》	14	2.89
10	《高校教育管理》	14	2.89

本章又对国内期刊做了进一步的统计，发现自 2000 年有相关文章发表以来，发表于国家自然科学基金委认定的 30 个重要管理学类期刊上的相关文章只有 75 篇，平均 3.125 篇 / 年，包括《管理世界》《南开管理评论》《中国软科学》《科研管理》《科学学研究》《科学学与科学技术管理》《研究与发展管理》，发文数量还较少，但呈现逐渐递增的状态，未来具有很大的潜力。

3.3.3　国家/地区分布

热点研究的出现和发展与国家/地区的社会环境和经济发展情况密不可分（Chen and Wu，2017），本章利用CiteSpace软件对国内外文献进行了国家/地区的合作统计，研究不同国家/地区在学术创业研究上的差异。国家/地区的中心度反映了其在该研究领域中的重要地位，当中心度高时，意味着该国家/地区的专业领域地位更加突出，贡献相对来说也更大（Chen，2006）。研究型高校衍生的科技型创业企业起源于"二战"后的美国，经历了几十年的发展，科技型衍生企业取得了巨大成功（杨德林和邹毅，2003）。1980年起源于美国的《拜杜法案》作为促进科研成果转化和技术创新产业化的重要推动力之一，对大学如何将其研究实验室和校园中的技术进行商业化并实现快速扩散影响巨大，在这之后大学在商业化过程中扮演的角色不断演化。"硅谷"和"128号公路"是科技型衍生企业诞生的典型区域，斯坦福大学、麻省理工学院等美国的顶尖高校创造了许多商业神话，衍生出了谷歌、脸书等诸多著名的高科技企业。与此同时，英国、瑞典等国家也继美国之后出现了许多衍生企业，剑桥地区的将近500家高科技企业大部分都衍生于剑桥大学（彭伟，2009）。大量的衍生企业为学术界开展相关研究提供了丰富的案例素材和实证基础。

根据表3.3可以发现：①美国在学术创业方面的实践和理论研究上都走在世界前列，合作发文篇数将近200篇。与此同时，英国在该研究领域的发文量与美国基本持平（193篇），并且中心度与美国非常接近，可以认为英美两国学者对该研究领域的贡献最大。除英美两国外，意大利、西班牙和德国等的发文篇数也较多。②中国在该领域较晚开始进行外文发表，目前共合作发表50篇文章，并且在2014年发文量最多。③除表格中列出来的国家外，来自亚洲、非洲、中东及南美洲的作者或者以这些国家/地区为实证情境的文章数量非常少，也可以认为现有的相关结论可能具有比较明显的文化特色，以发达国家为主。

表3.3　学术创业研究国家/地区的分布

排名	国家/地区	合作篇数/篇	占比/%	中心度	年份
1	美国	197	16.81	0.16	2000
2	英国	193	16.47	0.17	1999

排名	国家/地区	合作篇数/篇	占比/%	中心度	年份
3	意大利	174	14.85	0.23	2000
4	西班牙	118	10.07	0.10	2012
5	德国	100	8.53	0.08	2004
6	瑞典	62	5.29	0.15	2000
7	比利时	62	5.29	0.13	2002
8	荷兰	62	5.29	0.06	2006
9	挪威	51	4.35	0.07	2010
10	中国	50	4.27	0.08	2014
11	法国	45	3.84	0.01	2007
12	加拿大	38	3.24	0.04	2005
13	葡萄牙	33	2.82	0.03	2014
14	巴西	23	1.96	0.01	2013
15	澳大利亚	19	1.62	0.07	2009

3.3.4 发表机构分布

期刊文章的机构分布从一定程度上反映了研究的空间分布情况，有助于帮助学者快速识别和了解该研究领域的主要研究群体（赵红等，2019），我们用 WoS 的统计结果对机构的发文量进行了汇总，列出了发表篇数 15 篇及以上的学术机构，如表 3.4 所示。可以看出：①样本涉及的发表机构主要集中于欧美地区，欧洲学校占比非常大。比利时的根特大学排名第一（42 篇），英国的帝国理工学院排名第二（35 篇），后者正是学术创业领域发文量最高的权威学者 Mike Wright 教授所在的研究机构。这两所学校在学术创业研究领域内取得了较为丰硕的研究成果。②英国的研究机构占比最多，前 17 家研究机构有 6 所来自英国，表明了英国学者在该领域有较高的国际影响力和成果产出。③更具创新性的高校似乎在学术创业研究方面的成果也最多。例如，2016 年帝国理工学院在 Reuters 发布的欧洲前 100 所最具创新性高校中排名第二。

表 3.4　国外学术创业研究机构分布

排名	机构	篇数 / 篇	占比 /%	国家 / 地区
1	Ghent University	42	3.58	比利时
2	Imperial College London	35	2.99	英国
3	University of Nottingham	33	2.82	英国
4	Nord University	26	2.22	挪威
5	University of Bologna	26	2.22	意大利
6	University of London	25	2.13	英国
7	Universidade De Santiago De Compostela	21	1.79	西班牙
8	University of Bergamo	19	1.62	意大利
9	Delft University of Technology	18	1.54	荷兰
10	Universidade Da Beira Interior	18	1.54	葡萄牙
11	Universidade Da Coruna	18	1.54	西班牙
12	University of Cambridge	18	1.54	英国
13	Lancaster University	17	1.45	英国
14	Lund University	17	1.45	瑞典
15	Birkbeck University London	16	1.37	英国
16	Autonomous University of Barcelona	15	1.28	西班牙
17	University System of Georgia	15	1.28	美国

比较之下，国内发表学术创业研究文章最多的学校为浙江大学（34 篇），而后依次是绍兴文理学院（33 篇）、清华大学（23 篇）和武汉大学（19 篇）等。浙江大学多年来重视创新创业教育，鼓励创新创业，具有丰富的科研资源和企业案例素材，在学术创业方面产生了丰硕的研究成果，全国排名第一。绍兴文理学院的学者也一直坚持做创业型大学建设等相关研究，发表文章数量较多，排在后面的高校发文数量较少。

3.3.5　作者共现分析

20 世纪 60 年代初，科学计量学之父 Price 就对科研合作进行了计量研究。科学合作通常是指研究者为了产生新知识而在一起工作（Katz and Martin，1997）。如果一篇文章中同时出现了多个作者、研究机构或者国家/地区，那么就可以认为其之间存在合作关系。笔者使用 CiteSpace 软件绘制了作者共现图谱，并对高产作者进行了分析。在图谱中，节点名字的大小代表了该作者发表论文数量的多少，节点之间的连线代表作者之间有过合作关系，连接线条的粗细反映了作者之间的合作强度。图 3.3 和图 3.4 分别显示了国外和国内学术期刊中的高产作者和合作集群。可以发现，国外学术创业领域内的高产作者研究团队已经初具规模，这些作者不仅自身发表了很多论文，而且相互之间进行了学术合作。此外也有一些小团队在进行相关主题研究。

图 3.3　国外期刊学术创业文献的作者共现图谱

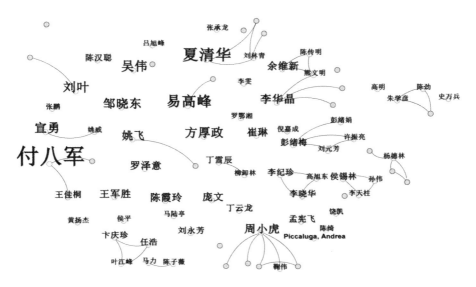

图 3.4　国内期刊学术创业文献的作者共现图谱

　　与此同时，国内期刊的共现图谱反映出目前国内相关研究的情况为：研究团队较为分散，合作发文数量较少，且没有明显的合作集群和团队，即在该领域缺少能够持续追踪热点和产出文章的学者及团队。这也印证了我国学者在国际顶尖期刊上发文数量较少的现状，主要是由于缺乏对该研究主题的持续和深度追踪研究。无论从研究广度还是研究深度来看，国内研究水平都比较落后。

　　文献核心作者在一定程度上会影响该研究领域的发展，在高质量期刊上发表论文数量较多的作者一般对相关领域的研究和前沿把握得更好。结合 CiteSpace 软件的分析结果，我们对学术创业相关研究的高产作者进行了基本梳理。核心作者的特征影响论文的权威性，在高质量期刊上发文较多的学者通常在该领域里有较大的影响力。

　　根据表 3.5 可以发现：①发文量排名第一的作者是 Mike Wright（其研究主要以欧洲高校的衍生活动为主，关注高校衍生企业发展过程中的资源和能力分析、衍生企业创生条件及高校商业化的社会影响等研究）（Wright et al.，2006，2018），共合作发表了 40 篇文章，占总发文量的 3.41%。紧接着是 Einar Rasmussen、

Bart Clarysse、David Rodeiropazos、Sara Fernández-lópez（关注技术转移过程、技术转移办公室、学术创业动机等主题），都有 20 篇左右的发表量。这在一定程度上说明了该研究领域已经形成了以关键学者为中心的核心作者群体。此外，以 David Rodeiropazos、Sara Fernández-lópez 和 Maria Jesus Rodriguez-gulía 为中心的作者群体也是一个研究团队。②从高产作者所在的研究机构来看，基本来自欧洲，并且大多来自商学院，这与上文中的机构分布结果一致，反映了学术创业研究主要是商学院学者关注的主题。

表 3.5　国外学术创业研究高产作者情况

排名	作者	篇数 / 篇	占比 /%	所在机构
1	Mike Wright	40	3.41	Imperial College London University of Nottingham
2	Einar Rasmussen	21	1.79	University of Nordland
3	Bart Clarysse	20	1.71	Ghent University
4	David Rodeiropazos	19	1.62	University of Santiago de Compostela
5	Sara Fernández-lópez	18	1.54	University of Santiago de Compostela
6	Maria Jesus Rodríguez-gulías	18	1.54	University of Vigo
7	Marina Van Geenhuizen	16	1.37	Delft University of Technology
8	Helen Lawton Smith	14	1.20	University of London
9	Mirjam Knockaert	13	1.11	Ghent University，University of Oslo
10	Andy Lockett	13	1.11	University of Nottingham
11	Michele Meoli	13	1.11	University of Bergamo
12	Christopher S Hayter	12	1.02	Arizona State University
13	Silvio Vismara	12	1.02	University of Augsburg
14	Carmen Camelo-ordaz	11	0.94	University of Cadiz
15	Riccardo Fini	11	0.94	University of Bologna
16	Maribel Guerrero	10	0.85	Northumbria University

同时，根据表 3.6 可知，国内发表论文数量最多的作者是付八军，随后依次是易高峰、夏清华和邹晓东等。付八军主要研究创业型大学的建设和创业型大学中的教师转型等问题和对策；易高峰主要研究高校的创业意愿、创业困境与失败原因等；夏清华主要关注影响衍生企业绩效的关键因素和商业模式创新；邹晓东从创业教育实施和人才创造力培养的主题展开。其余作者的发文量均在 8 篇及以下。总体来看：①国内学术创业的研究成果中有一大部分都关注如何借鉴美国及欧洲的成功经验，但是针对我国衍生企业的定量研究非常缺乏。②学术创业研究未形成以关键学者为核心的作者群体，学术创业研究主体非常分散，且研究主题缺乏连续性。

表 3.6　国内学术创业研究高产作者情况

排名	作者	篇数 / 篇	占比 /%	所在机构
1	付八军	37	7.64	绍兴文理学院教师教育学院
2	易高峰	12	2.48	盐城师范学院商学院
3	夏清华	11	2.27	武汉大学经济与管理学院
4	邹晓东	9	1.86	浙江大学党委
5	李华晶	8	1.65	北京林业大学经济管理学院
6	苏洋	7	1.45	华东政法大学
7	宣勇	7	1.45	浙江外国语学院
8	赵文华	7	1.45	上海交通大学高等教育研究院
9	李雯	7	1.45	中南民族大学管理学院
10	刘叶	7	1.45	浙江理工大学公共管理系
11	吴伟	7	1.45	浙江大学发展战略研究院
12	柳卸林	6	1.24	中国科学院大学
13	罗泽意	6	1.24	湘潭大学
14	陈霞玲	6	1.24	国家教育行政学院
15	高明	6	1.24	辽宁教育研究院职业教育研究所

以中国为代表的新兴经济体飞速发展，针对新兴经济体的学术创业研究逐渐获得关注，探索学术创业在新兴国家经济和社会发展过程中的作用的重要性不言而喻（González-Pernía et al.，2013）。随着中国科技成果转移转化政策的完善、创新环境的不断改善以及高校创业实践的丰富，中国高校衍生企业数量逐渐增多，为中国学者提供了丰富的案例素材。我国学者应当努力以新兴国家为研究主体开展学术创业相关研究，抓住机遇，缩小与国外相关研究的差距，为学术创业和技术转移相关理论研究作出补充和贡献。

3.3.6 关键词分析

关键词是对论文主题的高度概括，出现频率较高的关键词反映了这一时期该领域的研究热点（杨朦晰等，2019）。我们使用 CiteSpace 软件基于中英文期刊文章进行了关键词共现分析，列出了高频关键词。

在国外期刊论文中，出现频次大于 3 次的关键词有 120 个，频次大于 10 次的关键词有 68 个，表 3.7 列出了出现频次大于 45 次的高频关键词，并画出了关键词聚类图谱，如图 3.5 所示。基于关键词聚类结果，结合文献阅读我们发现，国外研究主题主要聚焦于四个类别：①创业型大学的构成及要素（Bercovitz and Feldman，2006）；②高校衍生企业和技术转移（González-Pernía et al.，2013）；③学术创业主体及其参与创业活动的动机和阻碍（Han and Niosi，2016）；④知识转移和区域经济影响（Bercovitz and Feldman，2006；Skute，2019）。学术创业和创新的关系、大学学术创业绩效、学术衍生企业自身绩效是多年以来学术界一直关注的问题，主要是从知识溢出和扩散的视角看大学对产业界的影响。衍生企业的数量和企业衍生的可能性也与学科性质有关，生命科学（以生物技术为代表）、信息技术等行业被认为是衍生现象较多的领域。

表 3.7　国外期刊学术创业研究高频关键词

关键词	频次	中心度	关键词	频次	中心度
academic entrepreneurship	412	0.02	scientists	81	0.06
performance	255	0.03	creation	80	0.06
technology transfer	240	0.01	knowledge transfer	68	0.03
innovation	212	0.03	entrepreneurship	68	0.06

续表

关键词	频次	中心度	关键词	频次	中心度
knowledge	165	0.05	growth	67	0.06
commercialization	147	0.03	determinants	60	0.06
university	136	0.06	university spin-offs	59	0.07
science	131	0.01	academic spin-offs	56	0.08
impact	129	0.06	education	55	0.03
industry	95	0.03	technology transfer offices	55	0.03
firms	93	0.05	capability	49	0.1
entrepreneurial university	88	0.06	technology	46	0.04

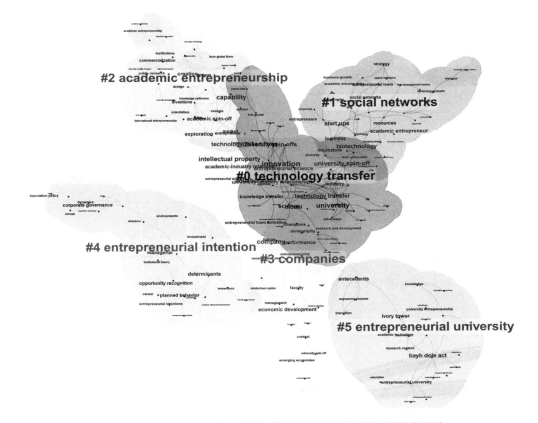

图 3.5　1990—2023 年国外期刊中学术创业研究关键词聚类图谱

根据表 3.8 所示，不同于国外期刊论文，国内期刊关键词词频大于 3 次的只有 24 个，明显少于国外期刊。原因之一是国内期刊发文数量较少，在学术创业研究方面起步晚。从图 3.6 可以看出，国内期刊论文的主要研究主题是衍生企业、学术创业、创业教育和技术转移。前两个研究主题关注衍生企业的发展和学术创业个人的影响因素和作用机制（苏晓华和王招治，2010；夏清华等，2010；原长弘等，2013）；后两个研究主题主要是从衍生母体——高校出发，从创业型大学的构建角度进行研究，包括如何提升学校的创业教育水平、教师如何转型等（付八军和宣勇，2019），主要研究国外领先高校和国家对我国的经验启示（何郁冰和周子琰，2015；宣葵葵和王洪才，2017），缺乏以我国学术创业实践和衍生企业为主的实证研究。

表 3.8　国内期刊学术创业研究高频关键词

关键词	频次	中心度	关键词	频次	中心度
学术创业	89	0.45	创业能力	7	0.02
创业教育	26	0.1	创业动机	6	0.01
技术转移	17	0.11	创业绩效	6	0
衍生企业	16	0.07	大学教师	6	0.03
创业	12	0.04	创业文化	6	0.05
大学	10	0.05	学术资本	5	0.01
创业导向	10	0.02	美国	4	0.01
影响因素	9	0.03	三螺旋	4	0.02
创新创业	9	0.03	产学合作	4	0.04
企业绩效	8	0.02	启示	4	0.02
创新	7	0.05	知识图谱	4	0.02
协同创新	7	0.01	创业行为	4	0.03

图 3.6　1990—2023 年国内期刊中学术创业研究关键词聚类图谱

3.4　研究演进

突现分析是目前学术界采用的文献内容挖掘工具之一，反映了前沿研究节点及不同研究主题的活跃情况，我们对国内外主要期刊文章研究的关键词做了突现图分析。基于对国外期刊和国内期刊学术创业研究论文的可视化计量分析，并根据高频关键词对不同时期的研究重点进行梳理，得出国内外相关研究阶段划分及重点。国外相关研究的关键词突现图分析如图 3.7 所示。从 1997—2024 年共有 25 个关键词突现，突现图关键词的起止年份代表该关键词在这段时期内持续为热点话题，强度表示该关键词被引用的频率多少。

Keywords	Year	Strength	Begin	End	1997—2024年
biotechnology	2003	7.97	2003	2012	
company	2003	4.32	2003	2010	
strategy	2005	8.49	2005	2011	
start ups	2005	8.03	2005	2011	
intellectual property	1999	5.45	2006	2015	
entrepreneurs	2006	5.18	2006	2015	
research and development	2007	5.12	2007	2015	
resources	2008	4.18	2008	2013	
economics	2010	4.45	2010	2014	
productivity	2011	8.89	2011	2015	
spillovers	2011	4.2	2011	2015	
human capital	2014	4.86	2014	2015	
university technology	2015	4.42	2015	2016	
ivory tower	2010	5.42	2017	2019	
technology transfer offices	2008	5.57	2018	2019	
support	2018	4.38	2018	2021	
triple helix	2018	4.38	2018	2021	
self efficacy	2019	5.16	2019	2024	
education	2013	4.62	2020	2024	
offs	2020	4.43	2020	2024	
academic spinoffs	2008	4.36	2020	2024	
entrepreneurial intention	2021	8.01	2021	2024	
impact	2010	7.02	2021	2022	
intentions	2017	5.21	2021	2024	
university spin offs	2022	4.28	2022	2024	

图 3.7　1997—2024 年国外期刊 25 个关键词突现图

根据突现图，结合国外文献期刊阅读和文献计量分析发现，国外研究可以分为以下三个阶段：

1. 起步阶段（2003 年以前）

该阶段国外学术创业相关研究发表数量较少，由于 1980 年《拜杜法案》的颁布对美国高校的技术转移产生了巨大的推动作用，研究型大学中的专利申请、许可及创业现象大幅增长，研究实验室和校园中的技术扩散得到了增长，创业型大学的概念开始被人们接受，相关研究也逐渐开始起步。学者逐渐注重高校技术转移的发展和影响因素，以及创业型大学的转型战略，以"Technology Transfer""Triple Helix""Entrepreneurial University"为研究主题的文献日益增多。学者开始关注三螺旋理论的运用及高校向创业型大学转型的激励研究（Jacob et al.，2003），并且将衍生企业作为高校技术转移的重要途径来进行讨论，同时关注创业型大学对社会和经济的影响。此外，由于学术创业和衍生企业的研究刚刚兴起，对其定义和具体概念的讨论也持续了一段时间（Smilor et al.，1990；Etzkowitz et al.，2000）。研究对象主要关注美国研究型大学（如 MIT 和斯坦福大学）和政府实验室的衍生企业现象，以及少量的日本衍生企业。该阶段除了三螺旋理论，并没有引入太多的战略管理理论和创业理论。

2. 稳步上升阶段（2003—2013 年）

该阶段国外学术创业研究成果逐渐增多，以"Start ups""Biotechnology""Strategy"等为研究关键词，主要关注创业型大学的衍生战略和高校商业化进程研究。大学层面的研究逐渐兴起，但仍然处于待整合阶段。该阶段，学术创业相关研究以创业型大学、新创企业的衍生及创新网络为主要研究内容，并且呈现动态整合的趋势（Rothaermel et al.，2007）。该阶段的研究将大学作为创新系统的重要组成部分，认为系统环境政策、大学的制度设定、技术转移政策对衍生企业影响显著，主要以资源基础理论、资源依赖理论和能力视角为理论支撑（Lockett and Wright，2005；Rasmussen and Borch，2010）。此外，该阶段还未形成成熟的学术创业理论框架，实证研究结果差异较大（李华晶，2009）。

3. 繁荣发展阶段（2014—2023 年）

该阶段国外学术创业研究快速发展，研究内容涉及广泛，以"Human Capital""Technology Transfer Office""Impact""Education""Entrepreneurial Intention"为研究关键词。此阶段的研究视角非常丰富，研究方法包括案例研究、定量研究和文献综述等。研究关注的焦点逐渐从美国转移到欧洲，包括英国、瑞典、奥地利等的创业型大学对经济社会的影响（Trippl et al.，2015），与此同时，发展中国家的学术创业实践也开始受到关注（Fischer et al.，2019），并且相关学者从高校内部的组织机制设计层面考察了技术转移办公室的作用（Rasmussen and Borch，

2010）。"Academic Spinoffs"出现的频次快速上升，研究关注学术创业者个体和创业团队对衍生企业发展的影响（Visintin and Pittino，2014），包括创业者个人的创业导向、角色认同及创业团队异质性等。由于这一时期创业型大学和衍生企业实践得到了一定的积累，有一批学者开始从过程视角关注衍生企业的创生及商业化发展（Wood，2011；Vohora et al.，2004）。此阶段的研究理论基础是在前一阶段的基础上，加入了社会资本理论、认知理论、创业/创新生态系统视角等（Hayter et al.，2018）。

由于国内发表论文数量与国外相比更少，突现图关键词持续聚焦在个别研究话题上，因而得到的国内相关研究的关键词突现图如图3.8所示，只显示出15个关键词突现，所以笔者结合人工梳理和判别将国内学术创业研究分为以下三个阶段：

Keywords	Year	Strength	Begin	End	2002—2023年
衍生企业	2003	3.71	2003	2008	
创业	2003	3.45	2003	2013	
创新	2003	2.39	2003	2010	
日本	2008	1.77	2008	2010	
创业精神	2008	1.57	2008	2013	
变革	2009	1.66	2009	2011	
创业导向	2011	2.25	2011	2013	
地方高校	2012	1.58	2012	2016	
创业教育	2009	2.68	2013	2018	
技术转移	2003	2.3	2013	2015	
创新创业	2013	1.69	2016	2017	
大学教师	2015	2.43	2017	2020	
创业绩效	2017	2.24	2017	2021	
美国	2018	2.06	2018	2020	
学术创业	2008	9.93	2020	2023	

图3.8　2002—2023年国内期刊关键词突现图

1. 概念初探阶段（2007年以前）

该阶段国内学术创业研究主要关注大学技术衍生的模式与制度创新（范德清等，2000），并且对创业型大学建设和高校转型进行了初探，虽然国内学者认识到研究型大学向创业型大学转型的重要性，学术创业也引发了社会广泛探讨，但是相关主题和研究程度非常有限，缺乏具有代表性和指导意义的论文，也缺乏案例研究或定量研究，这一领域的研究只处于概念界定的阶段。值得注意的是，在该阶段，杨德林和邹毅（2003）对中国研究型大学科技企业的衍生模式进行了初次分析，较为系统地提出了我国研究型大学的六种衍生模式。

2. 引进国外阶段（2008—2012 年）

该阶段国内学术创业研究主要是引入西方已有的研究理论，对国外创业型大学研究现状和热点进行图谱可视化分析（彭绪梅等，2007；彭伟，2009），学习欧美、日本、新加坡等国的创业型大学的理论实践（刘林青等，2009），重视国外经验对我国创业型大学建设和发展的指导，以"创业型大学""成果转化""教师转型""创业教育"等为主要研究内容。此外，此阶段初期主要以 Etzkowitz 提出的创新三螺旋理论的应用为主（刘元芳等，2007），探究大学—产业—政府三者的合作和相互作用如何促进创业型大学的发展。这个阶段仅有少数以我国大学衍生企业为样本的实证研究（杨德林等，2007；刘二军，2009）。

3. 消化同步阶段（2013—2023 年）

该阶段我国学术创业相关研究发表数量快速增长，开始大量出现针对我国高校衍生企业的定性与定量研究（易朝辉和夏清华，2011；夏清华等，2012；李文博，2013；原长弘等，2013）。研究理论也不仅限于创新三螺旋理论，而是涉及创业认知理论、资源基础观、资源依赖理论、社会网络理论、制度理论等。"衍生企业""创业导向""本土化实践""创业教育"等研究逐渐增加，对学术创业的关注点从衍生企业的绩效影响因素逐渐转为学者创业的动机和导向等前因变量。学者开始思考如何将国外的先进理论与中国的制度情境和高校组织情境结合，从而更好地进行本土化实践，并利用中国的高校衍生企业进行理论验证。虽然这一阶段实现了对国外已有研究理论的消化吸收和本土化应用，但与国际上研究相比还尚未实现同步发展。近年来，中国的科技政策和创新文化环境逐渐转变，越来越多的大学开展创业活动，部分大学也开始向创业型大学变革，为经济发展带来了越来越积极的影响。

3.5　本章小结

笔者利用 CiteSpace 可视化科学工具，基于国内外学术创业相关研究的文献计量分析，对 1990—2023 年发表的学术创业文章的国别分布、期刊分布、作者共现及关键词知识图谱等进行了分析，展示了该领域的研究现状和趋势热点，得出了以下结论：

第一，国外学术创业研究起步较早。目前该研究领域已经形成了以欧美学者为中心的多个核心作者群体，合作具有深度和广度。而国内相关研究起步较晚，且研究主体比较分散，研究缺乏连续性和深度，尚未形成核心研究团队，这对国内学者来说既是追赶的机遇，也存在很大的挑战。

第二，国外研究更加系统、丰富，包括衍生企业和区域经济发展、学术创业者个体和团队、母体高校因素的影响、衍生企业的动态发展等，研究方法多样。而国内研究主要是从衍生母体高校出发，探究母体高校和衍生企业的关系对衍生企业发展的影响，同时从如何提升学校的创业教育水平，建设创业型大学展开，包括高校制度创新、教师转型、学生创造力培养等。国外对知识产权制度、高校激励政策，以及技术转移办公室的特征对企业衍生率和衍生企业发展的影响等研究非常充分，但国内在这些方面的研究还比较缺乏，与国外研究存在较大的差距。

第三，目前国内学术创业研究还处于对国外研究的消化阶段，但整体来看，学术创业研究具有非常大的研究潜力和研究空间。研究方法从定性案例研究到定量实证研究，具备一定的研究基础。在理论层面，虽然学术创业相关理论基础从认知理论、资源依赖理论、资源基础理论、知识溢出理论等发展到制度理论、生态系统视角等，但仍然有研究缺口。

第4章 母体机构与股东多样性对衍生企业创新行为与绩效的影响机制

4.1 引言

学术创业是经济和社会发展的重要引擎，大学和科研院所作为新思想和新发明的重要来源，在区域和国家创新体系中扮演着关键角色，近年来发挥着越来越重要的作用。

已有大量研究关注了创业者个体层面和衍生企业层面的特征对衍生企业的影响，并从宏观政策视角出发探究了宏观因素的影响。从资源视角出发，除了母体组织对衍生企业的影响，社会企业和学术创业者个人也会推动衍生企业的创生，并对衍生企业的后续发展产生重要影响。参与衍生企业创生和经营的主体有多种类型，但衍生企业股东特征对衍生企业的创新行为和绩效有何影响尚未得到清晰的结论。因此，本章试图以中国科学院及其研究院所的衍生企业为样本，分析衍生企业的股东特征对企业创新绩效的影响机制，试图对衍生企业的绩效提升和区域经济发展提供思考和建议。

4.2 理论假设

大学对衍生企业的影响介于宏观因素和微观因素，与宏观政策性因素相比，大学与衍生企业的联系更为密切和直接，与个体因素相比，大学则掌握着更加丰富多样的资源和社会资本，对衍生企业有较大的影响力。大学对衍生企业的影响已得到国内外学者的广泛研究，包括大学的学科优势和基础、相关政策和制度设定、大学的知识基础和资源禀赋等。大学产生的衍生企业的数量和企业衍生的可能性与学科性质密切相关，生命科学（如生物技术）和计算机科学学科领域产生的专利数量、许可及衍生企业数量较多（Mowery et al.，2001；O'Shea et al.，2005）。大学自身能力对衍生企业的形成和发展也有影响。衍生企业可以从母体企业获得技术、知识和人才等资源，同时也会传承母体企业的组织惯例和规则（夏清华等，2019）。大学上市公司的自主创新能力会受到母体大学技术实力的影响（原长弘等，2013）。衍生企业的商业模式是从母体进行孵化、传承并最终实现自己独立运营（李志刚等，2017）。母体大学的资源禀赋对衍生企业的绩效有促进作用（苏晓华和王招治，2010），但也有研究发现大学参与企业决策对衍生企业绩效有显著的负向影响（卞庆珍等，2018）。

尽管高校上市企业的技术创新主要依托于母体高校的科技水平，应当具备天然的技术优势和创新能力，但是我国高校上市企业似乎并没有显现出突出的自主创新能力，总体发展还不理想，公司治理不佳是导致这一结果的重要原因之一（贾一伟，2012）。虽然大学可以为其衍生企业提供多种资源支持，但是不同类型的资源对衍生企业的价值和作用不同，仅分析母体组织的资源能力禀赋还不足以给衍生企业的发展提供充足建议。从衍生企业成立形式来看，企业可以是大学全资创立的，也可以通过与社会企业合股的方式共同创立，母体大学在衍生企业的股权中占据不同的比例，对衍生企业的管理和资源输出也不同。因此，对与衍生企业具有直接联系的股东特征，以及企业自身的能力和资源进行综合分析将十分有必要。

有学者对大学衍生企业的研发强度和创新绩效与非大学衍生企业进行了对比，结果发现大学衍生企业的研发投入和专利授权数量都高于后者（张晨宇和白朴贤，2019）。但是何种因素影响且如何影响衍生企业的创新策略和选择，还有待探究。中国科学院直属的各科研单位可以说是我国科技创新主体中的"国家队"，承担了许多国家重要课题，在组织层面上与企业不完全相同，但又属于国有性质的组织，在承担许多社会责任的同时也需要维护自身的经济利益。因此，本章将主要聚焦在衍生企业母体研究机构的特征及股东特性对衍生企业创新行为和创新产出的影响。试图回答以下问题：母体研究院所的特征对衍生企业的创新行为和意愿有何影响？衍生企业的股东性质对衍生企业创新投入与产出的影响如何？

4.2.1　股东多样性对衍生企业绩效的影响

衍生企业股东是学术创业中的重要参与者，大学持股比例反映了衍生企业的股权集中度。现有研究多关注股权集中度对企业的影响。但股权集中度和企业技术创新关系的研究结论并不一致。一些研究得出股权集中度与企业的创新绩效成正比（Choi，et al.，2011），即持股比例越高，则投资方参与企业的程度越高，更有利于创业企业的产出。大学在衍生企业中的持股比例越高，控制权越大，公司管理层和技术人员的角色定位则与大学的目标更加一致，从而追求产品和技术创新，提升盈利能力。也有研究发现，大学持股比例和衍生企业的自主创新能力呈"U"形关系（原长弘等，2013），股权集中度对企业创新效率的影响并不显著（张洪辉等，2010），因为股东的监控和管理成本很难被收益有效地弥补。同样，研究院所占股比重越大，对衍生企业的控制和日常参与则越强，衍生企业也越容易从母体研究院所中获得技术和人才支撑。通常来说，影响企业技术创新和盈利水平的因素很多，仅从股权集中度和监管视角出发研究其影响衍生企业绩效的机制还需要进一步深化。

从资源基础理论出发，衍生企业拥有资源的丰富程度和类型对企业的绩效有重要的影响（苏晓华和王招治，2010）。大学的关系网络有助于衍生企业获得政府发放扶持性资金和金融机构的融资。但衍生企业的经营管理与大学不同，企业过度地嵌入大学进行学习也会导致过度信任和非理性承诺等问题，从而产生创业认知偏差，导致企业创业失败（卞庆珍等，2018）。衍生企业的股东包括母体大学/研究机构、企业法人及自然人等，不同种类的投资者可以为创业企业带来异质性的资源以便支持企业的创新活动和正常运营，学习到除研发知识以外的管理知识和市场知识。学者也可以通过商业合作伙伴及个人的产业经验获得创业规范、市场信息、互补技术及应用场景等产业知识，不同的知识源头带来的知识不同，进而从不同角度影响知识接收者的创新绩效。

同时，根据代理理论，当企业拥有多个股东时，可以提高股东的监管能力，有效监督管理者的决策和行为，从而提升企业获利能力，使创新效率更高

（Shleifer and Vishny，1997）。大学的资源禀赋可以产生溢出效应，带来技术溢出和社会资本溢出。例如，母体大学的声誉会提高企业的社会地位，为衍生企业提供合法性，中国科学院的技术资源和科研成果可以为衍生企业提供技术支持；中国科学院的人才库也可以提供大量人力资源和智力支持（卞庆珍等，2018）。此外，具备一定投资能力的社会企业股东可以为衍生企业带来商业化方面的信息、管理经验及潜在的市场机会，帮助衍生企业抓住机会，实现盈利。

以中国科学院计算技术研究所衍生出的寒武纪科技公司为例，自该企业成立以来，中国科学院计算技术研究所每年都直接向寒武纪输送许多应届毕业生作为技术人才，既可以保持企业技术人员创新研究的连续性，减少学习成本，又可以节约衍生企业的管理成本和招聘成本。但同时，这些科研人员缺乏市场开拓和运营方面的经验，需要公司雇用成熟的管理团队进行企业管理。此外，个体自然人股东（通常是技术开发者）在公司经营过程中也有明确的创新动机将自身的新技术进行推广，从而激励和监督企业决策，促进企业的绩效提升。

综上所述，股东多样性代表着衍生企业能从股东中获取的资源异质性程度和市场机会的多少。股东多样性越丰富，衍生企业可以获得的人才资源、技术资源、金融资源和社会资本越多，越有助于衍生企业创新、促进绩效的提升。多种股东进行企业监管，可以让衍生企业管理过程中更好地平衡自主创新与市场盈利之间的关系，避免过分关注创新或者规避风险的保守策略，同时进行发明创造及商业化活动，实施更加合适的企业研发策略。因此，提出以下研究假设：

H4-1：衍生企业股东多样性越高，企业的绩效水平越高。

4.2.2 股东多样性对衍生企业创新投入的影响

企业开展创新活动主要表现在企业的创新投入、创新意愿及创新成果等方面。研发活动是围绕基础研究、应用研究及试验发展开展的以增进知识、促进创新为目的的科研活动。研发投入则主要是对以上科研活动的投入，包括人力、财力和物力等。然而，研发活动会产生市场失灵，因为其具有公共商品的特征，即非竞争性和非排他性（Arrow，1962）。此外，研发活动具有信息不对称性，需要避免让竞争对手了解本企业的发展方向和已有成果，因此企业会刻意隐瞒一些重要研发信息，导致很难吸引外部资金支持。同时，研发投入通常风险较高，充满不确定性，尤其是在资金、人力的大量投入和跟进后仍然可能失败，企业为了规避风险，不会轻易开发项目，并且项目投资回报周期较长，很难将其作为对现任管理者经营效果的评价手段（Hall and Lerner，2009）。研发支出不足则不利于企业的创新能力发展和绩效提升（Jourdan and Kivleniece，2017），研发支出过多则会导致流动资产和周转资金减少，不利于长期发展，因此企业在创新投入方面通常比较谨慎。

衍生企业虽然衍生于母体大学，但要实现长足的发展并获得市场竞争力，需要自身具备强硬的技术水平和创新能力，因此对研发活动的投入是必需的。学术创业的障碍很大一部分在于资本市场和资源的可得性（Djokovic and Souitaris，2008），缺乏足够的资助（或是种子资金）、没有完善的高质量的研究体系等因素会阻碍商业化的成功，也很难让技术转移为区域经济作出贡献（Heher，2006）。大学和科研院所作为母体组织，主要以研究和教学为主要任务，虽然"第三使命"要求其产生更大的社会效益，但是大学和科研院所的资金是有限的，在投资企业和运营管理方面局限性较大，反而希望通过衍生企业来提升收益。衍生企业股东是其重要的资金来源和支持者，对企业的发展战略拥有决策权。多样化的股东可以使企业在经营过程中有更充分的背书和保障，共同承担研发风险，给予企业大胆开展研发活动的信心，同时社会企业和学术创业者个人可以通过其社会网络资源帮助衍生企业的研发活动争取到更多的社会资金支持，大学可以利用学校前沿的学术成果从国家和当地政府等获得项目资金支持，从而激励衍生企业投入更多研发活动进行创新。因此，提出以下研究假设：

H4-2：衍生企业股东多样性越高，企业的研发投入水平越高。

4.2.3　衍生企业创新投入的中介作用

随着竞争程度逐渐激烈及产品生命周期的缩短，如何有效管理企业的创新过程成为管理者和学者关注的主要问题。企业必须能够很好地理解和使用现有的知识并将其转化为发明专利或可以产生市场收益的产品，而企业对研发活动的支持被认为是内部研发能力的重要指代变量，使企业可以创造、理解和使用知识（Penner-Hahn and Shaver，2005）。

研发活动是企业积累的特殊资产，经济学家实证研究了研发支出对企业绩效的影响，发现研发支出对企业产出有积极影响，尤其是在化学领域和计算机领域，研发支出和专利数有显著相关性（Ahuja and Katila，2001）。大学衍生企业的技术发展基础主要来源于研发支持，研究发现，高科技企业增加创新投入有利于其未来经营绩效的提升，研发投入力度越大则获利能力越强（杜勇等，2014）。张晨宇和白朴贤（2019）对大学衍生企业的研发强度和创新绩效与非大学衍生企业进行了对比，结果发现大学衍生企业的研发投入和专利授权数量都高于后者。

技术创新需要付出创造性的劳动、发明及试验等多种活动。研发部门积累的知识和能力是企业发明产出的重要影响因素。企业研发费用是对现有知识存储的投资，不仅有助于企业内部创造知识，也可以帮助企业评价和使用外部知识，帮助企业获得更多公共领域的知识用于创造新产品，从而有利于其获得市场竞争优势。衍生企业创建的目的本身就是将技术转化为更多的新产品及利润，因此研发人员在进行研发工作时会将技术成果申请专利，也会在商业化方面做出更多的努力。虽然随着企业年龄的增长，企业需要在决策、协调及资源分配方面花费很多时间和成本，导致研发活动的低效（Artz et al.，2010），但衍生创业企业相对成熟在位企业更加灵活，大学、企业等股东参与企业经营和决策更加直接和便捷，并且会激励和引导研发投入更加高效。因此，提出以下研究假设：

H4-3：衍生企业股东多样性通过影响企业研发投入进而影响企业绩效，研发投入起到中介作用。

4.2.4 母体机构研究导向对衍生企业创新投入与产出的影响

本部分选取了中国科学院及其各研究院所的衍生企业作为研究样本，其特殊性在于研究所与大学相比在研究和学科领域方面更加聚焦，并且以科研为主。以往研究将母体大学分为教学型大学和研究型大学（Fischer et al.，2019），并且研究表明，教学型大学和研究型大学在职工创业绩效表现上有所差异（Abreu et al.，2016），以教学为主导的高校通常具有较高水平的创业活动，可能主要是因为这些机构的教职工有更多的时间从事商业活动（Calzonetti et al.，2012）。也有研究将母体大学的活动分为教学和研究活动两类，结果发现二者对衍生企业的创生和毕业生新创企业的创生具有不同的影响，研究活动的知识禀赋对衍生企业创生有积极影响，而教学活动的知识禀赋对毕业生创立企业有积极影响（Fischer et al.，2019）。此外，已有研究探究了高校的专业布局对企业衍生活动的影响，发现工科类、农林类、综合类和医药类的衍生企业年收入之间存在不小的差距（杨德林等，2007）。尽管已有研究对母体大学的类别和特征与衍生企业的绩效关系进行了探究，但是并未有研究根据母体机构的类型来研究不同母体大学类别和特征对衍生企业创新绩效的影响。

根据研究类型的不同，可以将企业或高校的研究分为基础研究导向型和应用研究导向型，一般来说，企业不愿意投入大量资金到基础研究中，而高校和科研院所承担着基础研究的使命，需要进行相应的研发和探索。基础研究一般位于研发活动的前端，主要为了获取新知识、新原理而展开的试验性、理论性研究，通常不带有任何的应用目的，不能直接产生商业价值，需要进一步的应用研究和产业化。而应用研究是在基础研究之上开展的实用性研究，从而解决一些实际问题，比如开发某种新技术、新方法或新产品（张小筠，2019）。一般认为，应用研究比基础研究更有实用价值，通过应用研究可以实现对先进技术的引进和模仿，从而实现经济目标。因此，基础研究导向型二人和应用研究导向型二人的机构在工作内容和流程方面存在差异。

母体研究机构如果为应用研究导向型，则更加擅长技术的商业化应用，并且具备相关的技术专长，可以为衍生企业提供相关技术资源和商业化经验，从而更加有助于提升衍生企业的经济绩效。基础研究要想实现理论的重大突破，难度非常大且投资回报期较长，风险相对来说也更高，收益充满了不确定性。基础研究的产出成果一般以论文和著作为主（刘骐源和谢富纪，2019），因此，长期以基础研究为主的母体机构不以产生经济回报为目的。衍生企业可以从母体企业获得技术、知识等资源，同时也会传承母体企业的组织惯例和规则（夏清华等，2019）。高校衍生企业里的技术人员往往是相关领域的核心研究成员和资深学者，具有"双重角色"的科研人员长期在科研院所中进行研究工作，存在一定的路径依赖，即便是转移到衍生企业这种商业化经营的环境中，无论是研究工作还是企业的管理思路，短期来说也会以在研究院所中的方式投入衍生企业的工作中。同时，近年来对于科研机构和高校的评价也从衍生企业的创生率来进行考虑，因此母体组织会尽可能地将自身的资源禀赋和社会关系用于支持衍生企业，而母体机构原本的研究模式意味着其资源投入方式和相关基础设施的累积，衍生企业只有与母体机构的研究模式相一致或类似，才可以更好地利用母体机构的资源。因此，提出以下研究假设：

H4-4：母体机构是应用研究导向型的，比基础研究导向型的衍生企业有更高的绩效水平。

本章的研究框架如图 4.1 所示。

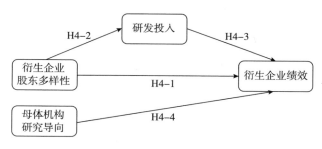

图 4.1 本章的研究框架

4.3 实证检验

4.3.1 样本与数据收集

中国科学院在世界上的影响力十分突出，在创办衍生企业方面也一直处于我国领先地位。从 20 世纪 80 年代初开始，中国科学院不仅培养了许多科技创新创业人才，为国家的创新创业发展作出了巨大贡献，也率先发起创立并投资了一大批高技术衍生企业，创建衍生企业也成为中国科学院实现技术转移和科技成果产业化的重要载体（刘二军，2010）。经过多年实践，中国科学院在院部、直属研究院所两个层面上创立了数百家衍生公司，中国科学院投资成立的创业企业中许多都是高技术企业以及技术型创业。

本章数据来源于国科控股的调查问卷和笔者手动收集结合起来的独特数据库，将贯穿整本书的三个章节中。以中国科学院及其研究院所创生的衍生企业为样本，采用 2008—2017 年连续 10 年的二手数据。我们共收集到企业—年度共4707 条观测数据，其中，技术型企业数据 3724 条，非技术型企业 983 条。截至2017 年，国科控股数据库中共统计了包括院部投资企业和院属事业单位投资企业的 877 家企业数据。考虑到衍生企业通常是将已有技术进行商业化，因此本章仅选取技术型企业作为样本。通过核对样本数据、企业名称和经营情况，删除不存在或已注销的企业数据。同时，删除了具有明显的错误和极端值的观察数据。

清洗后最终得到了 2008—2017 年的 577 家企业的 2821 条非平衡面板数据。其中，2008 年有 216 家企业，2009 年有 215 家企业，2010 年有 239 家企业，2011 年有 243 家企业，2012 年有 254 家企业，2013 年有 289 家企业，2014 年有 307 家企业，2015 年有 327 家企业，2016 年有 358 家企业，2017 年有 373 家企业，衍生企业数量逐年增长。

按照《国民经济行业分类》（GB/T 4754—2017）标准对企业所在行业进行了划分。按照国家高新技术企业认定标准对企业做了是否为高技术企业的分类。为了保证研究结果的普适性和客观性，本章选取样本涵盖的最长时间区间，同时采用 Excel 数据透视表对样本企业数据进行整合汇总，并且使用 Stata 12.0 软件进行描述性统计分析、相关性分析及回归分析。经过统计，577 家样本企业的行业分布情况如表 4.1 所示。其中，制造业占比为 44.71%，科学研究和技术服务业占比为 27.04%，信息传输、软件和信息技术服务业占比为 16.98%。

表 4.1　样本观察值的行业分布

行业描述	数量 / 家	比例 /%	行业描述	数量 / 家	比例 /%
A 农、林、牧、渔业	19	3.29	I 信息传输、软件和信息技术服务业	98	16.98
B 采矿业	2	0.35	J 金融业	1	0.17
C 制造业	258	44.71	L 租赁和商务服务业	3	0.52
D 电力、热力、燃气及水生产和供应业	4	0.69	M 科学研究和技术服务业	156	27.04
E 建筑业	3	0.52	N 水利、环境和公共设施管理业	16	2.77
F 批发和零售业	7	1.21	O 居民服务、修理和其他服务业	7	1.21
G 交通运输、仓储和邮政业	1	0.17	R 文化、体育和娱乐业	2	0.35

同时，我们根据地区分布对企业数量做了统计，其中，华北地区（北京、天津、河北、山西、内蒙古）的衍生企业有 154 家，东北地区（辽宁、吉林、黑龙江）的衍生企业有 75 家，华东地区（上海、江苏、浙江、江西、安徽、福建和山东）的衍生企业有 210 家，中南地区（河南、湖北、湖南、广东、广西、海

南）的衍生企业有 62 家，西北地区（陕西、甘肃、青海、宁夏、新疆）的衍生企业有 45 家，西南地区（重庆、四川、贵州、云南、西藏）的衍生企业最少，只有 31 家。

4.3.2 变量衡量

（1）因变量。企业绩效：对企业绩效的衡量方式包括主观评价和客观评价，分为财务绩效、成长绩效和创新绩效（杜建华等，2009）。参照以往研究，学术创业绩效包括企业的存活率、经济和社会效益及科研成就等（Chang et al., 2016; Guo et al., 2019）。因此，本章拟从以下两个方面进行度量：第一，经营/财务绩效，即通过创新活动带来的直接经济效益，以衍生企业滞后一年的利润总额衡量绩效（易朝辉和夏清华，2011；易朝辉和管琳，2018）。第二，技术企业的专利产出也非常重要，研究采用新产品销售收入、授权专利数量或者专利被引情况衡量创新产出（Artz et al., 2010）。由于数据可得性，考虑到新创企业通常专利数量较少，被引数据有滞后性，因此本章中以衍生企业滞后一期的发明专利授权数量的自然对数来表示企业的创新绩效（易朝辉和罗志辉，2015；Guan and Yam, 2015）。

（2）自变量。股东多样性：将股东行为衍生企业自然人股东、企业法人股东和中国科学院研究院所/中国科学院总院股东三类，若衍生企业的股东中同时包括三种股东类型，则该变量设为"3"；若有其中的任意两种类型（中国科学院院所和自然人股东或中国科学院院所和企业法人股东），则该变量设为"2"；若只含有一类股东，则该变量值设为"1"，即中国科学院研究院所/中国科学院总院 100% 持有衍生企业。

母体机构研究导向：其为二值变量。笔者根据衍生企业的母体研究所信息，通过手动查询中国科学院各研究所的官方网站及参考中国科学院的科研院所分类，从研究所简介和概况中提取研究所研究情况的关键词，与课题组同事分别判断研究所属于基础研究导向型还是应用研究导向型，并将最后得出的一致性结果作为该母体研究所的研究导向，非单一研究导向（如生态类、以大科学类为主或综合类）的样本不在本章考虑范围内。若衍生企业母体机构为应用研究导向型，则该变量取值设为"1"，为基础研究导向型，该变量取值设为"0"。

（3）中介变量。研发投入：本章将衍生企业的研发投入作为对企业的创新活动水平和创新意愿的衡量指标，而技术型企业的研发投入可能提升企业的技术能力以及衍生企业的创新产出。研发投入一般包括企业的资金投入及人员投入，已有研究采用了研发强度、研发人员数量、研发费用等指标来反映企业研发活动水平。参照以往研究，本章以企业当年研发投入总额的自然对数值来表示衍生企业的研发投入（Liu et al.，2016）。

（4）控制变量。控制变量控制了可能影响衍生企业经济效益和创新产出的一些其他潜在因素，包括采用衍生企业的年龄（*Firm_Age*）、企业规模（*Firm_Size*）来控制企业的财务实力，原因在于规模决定了衍生企业的地位，会影响其获取资源的多少和质量的好坏（Walter et al.，2006）；企业的性质是否为高技术企业（*Hightech*）、企业所在行业属性（*Industry*）用于控制制造业与非制造业之间的研发差异。本章采用的变量描述与测度如表 4.2 所示。

表 4.2　变量描述与测度

变量	描述	测度
因变量		
创新绩效	*Patent performance*	企业滞后一年的授权专利数对数值
经营绩效	*Financial performance*	企业滞后一年的利润总额对数值
自变量		
股东多样性	*Diversity*	企业参股股东的种类，计数变量（1~3 不等）
母体机构研究导向	*Research type*	母体研究所是否为应用研究导向型（虚拟变量，是 = "1"，否则 = "0"）
中介变量		
研发投入	*Firm_R&D*	企业当年研发投入金额的对数值
控制变量		
企业年龄	*Firm_Age*	截至当年企业成立的年数
企业规模	*Firm_Size*	企业当年资产总额的对数值
企业性质	*Hightech*	是否为高技术企业（虚拟变量，是 = "1"，否 = "0"）
所在行业	*Industry*	是否为制造业（虚拟变量，是 = "1"，否 = "0"）
区域因素	*Regional factor*	是否建立在高新技术区（虚拟变量，是 = "1"，否 = "0"）
是否上市	*Ipo*	是否上市（虚拟变量，是 = "1"，否 = "0"）

4.3.3　模型选择

由于有些企业数据存在缺失，创业企业成立年份不统一，所以本章的数据样本为非平衡面板数据，需要进行非平衡面板回归。在正式估计之前，需要进行一系列检验再选择合适的模型进行回归。为了判断应采用固定效应模型还是随机效应模型，笔者采用 Hausman 检验进行判断，根据 Hausman 统计量对应的 p 值应该选择建立固定效应模型。Hausman 检验结果如表 4.3 和表 4.4 所示。

此外，对于因变量为连续变量的情况，本章将衍生企业滞后一期的利润总额的对数值及企业授权专利数的对数值采用 OLS 回归。为提升模型的稳健性，减少异方差带来的模型回归问题，本章在回归时同时选取 OLS 和稳健标准误进行估计，模型的运算采用 Stata 12.0 进行。

表 4.3　Hausman 检验：因变量为创新绩效

变量	（b）	（B）	（b−B）	Sqrt[diag（V_b−V_B）]
	FE	RE	Difference	S.E.
Firm_Age	−0.0218	−0.0200	−0.0017	0.0040
Firm_Size	0.0659	0.0987	−0.0327	0.0199
Hightech	0.0741	0.2283	−0.1542	0.0682
Industry	−0.2362	−0.1072	−0.1290	0.0754
Ipo	0.0979	−0.1388	0.2367	0.3049
Industrial context	0.0055	−0.0139	0.0195	0.0831
Diversity	0.1696	0.0720	0.0976	0.0774
Firm_R&D	0.0526	0.0878	−0.0353	0.0139
_cons	−0.3617	−0.5365	0.1748	0.2422

Test: Ho: difference in coefficients not systematic.

chi2（9）=（$b−B$）'[（$V_b−V_B$）$^{(-1)}$]（$b−B$）=20.21

Prob > chi2=0.0166

表 4.4　Hausman 检验：因变量为经营绩效

变量	（b）	（B）	（b–B）	Sqrt［diag（V_b–V_B）］
	FE	RE	Difference	S.E.
Firm_Age	−0.0451	0.0329	−0.0779	0.0231
Firm_Size	0.1967	0.1927	0.0040	0.1102
Hightech	0.0795	0.1694	−0.0898	0.3811
Industry	−0.2717	0.1327	−0.4045	0.4162
Ipo	−0.5981	0.1226	−0.7207	1.6529
Regional factor	−1.4437	−0.7826	−0.6610	0.4649
Diversity	0.8464	0.0688	0.7776	0.4200
Firm_R&D	−0.0621	−0.1075	0.0453	0.0867
_cons	−1.5188	−1.1039	−0.4149	1.3235

Test: Ho: difference in coefficients not systematic.

chi2（9）=（$b-B$）'［（V_b-V_B）$^{(-1)}$］（$b-B$）=21.41

Prob > chi2=0.0101

4.4　模型分析

在进行模型回归之前，笔者首先对研究样本进行了描述性统计和相关分析。表 4.5 显示了样本个数、均值、样本方差、最大值和最小值。本章样本包含了 2821 个企业—年份观测值，其中，股东多样性变量由于问卷填写无效导致了缺失值，其最小值为 1，最大值为 3，只保留了 1741 个观测值。企业年龄最大值为 19，最小值为 0，平均年龄为 7.67，整体企业年龄偏小，大多数属于创业期。样本中有 50% 的企业为符合国家认定标准的高技术企业，49% 的衍生企业属于制造业。此外，所有企业中有 30 家属于上市企业，大多数衍生企业处于小规模未上市状态。

表 4.5 主要变量描述性统计分析

变量	观测值个数	均值	标准差	最小值	最大值
Firm_Age	2821	7.67	4.51	0	19
Firm_Size	2821	7.99	1.92	0	14.10
Hightech	2821	0.52	0.50	0	1
Industry	2821	0.42	0.49	0	1
Ipo	2821	0.07	0.26	0	1
Regional factor	2821	0.84	0.37	0	1
Diversity	1741	2.22	0.63	1	3
R&D input	2821	0.33	2.43	0	114.53
Patent performance	2821	0.34	0.76	0	5.57
Financial performance	2821	0.55	4.24	−51.77	78.51

4.4.1 描述性统计及相关性分析

相关性分析是对变量之间的关联程度的分析，从而可以明确变量之间的关系。我们使用 Stata 软件计算主要变量之间的 Pearson 相关系数。如表 4.6 所示，所有变量之间的相关性系数均小于 0.50，股东多样性与创新绩效有显著的正相关关系（$p < 0.05$），与衍生企业的研发投入也显著正相关，相关性系数为 0.13。企业研发投入与创新绩效和经营绩效均有显著的正相关关系（相关性系数分别为 0.12 和 0.37），同时创新绩效与经营绩效的相关系数为 0.15。因此，可以基本判断模型变量之间不存在严重的多重共线性问题，可以将所有变量都放入后续的回归模型中。后续将通过方差膨胀因子（VIF）进一步验证模型是否存在多重共线性问题。

表 4.6 描述性统计和相关性系数

变量	均值	标准差								
Firm_Age	7.67	4.51	1							

续表

变量	均值	标准差										
Firm_Size	7.99	1.92	0.26**	1								
Hightech	0.52	0.50	0.16**	0.43**	1							
Industry	0.42	0.49	−0.09**	0.20**	0.14**	1						
Ipo	0.07	0.26	0.17**	0.36**	0.25**	0.11**	1					
Region factor	0.84	0.37	−0.06**	−0.07**	−0.03	−0.05**	0.01	1				
Diversity	2.22	0.63	−0.04	0.12**	0.18**	0.17**	0.12**	0.05**	1			
Firm-R&D	0.33	2.43	0.09**	0.21**	0.11**	0.02	0.19**	0.02	0.13**	1		
Patent performance	0.34	0.76	0.02	0.39**	0.30**	0.05**	0.21**	0.01	0.10**	0.12**	1	
Financial performance	0.55	4.24	0.16**	0.29**	0.13**	0.08**	0.30**	0.00	0.00	0.37**	0.15**	1

注：** 表示 $p < 0.05$。

4.4.2　回归分析

首先，笔者验证提出的中介效应假设。参照前人对中介效应的检验方法（温忠麟等，2004），第一步需要验证自变量对因变量的影响，若自变量对因变量有显著影响，再验证自变量对中介变量的影响，结果也应该显著。第二步将自变量和中介变量同时放入模型中，考察此时自变量对因变量的影响，若自变量的系数仍然显著，则为部分中介作用；若自变量系数变得不显著，则中介变量对自变量和因变量有完全中介作用。根据以上方法，依次进行模型回归，回归结果如表4.7 所示。

表 4.7　股东多样性、研发投入对企业绩效的影响（面板固定效应）

	因变量							
	Model 1	Model 2	Model 3	Model 4	Model 5	Model 6	Model 7	Model 8
	$Profit_{t+1}$	$Profit_{t+1}$	R&D	$Profit_{t+1}$	$Patent_{t+1}$	$Patent_{t+1}$	R&D	$Patent_{t+1}$

续表

自变量								
Diversity		0.82*	0.35***	0.85*		0.19**	0.35***	0.17*
中介变量								
Firm_R&D				−0.06				0.05*
控制变量								
Firm_Age	0.05*	−0.04	0.02***	−0.05	−0.03***	−0.02***	0.02***	−0.02***
Firm_Size	0.88***	0.19	0.08***	0.20	0.06***	0.07***	0.08***	0.07***
Hightech	0.43	0.08	0.01	0.08	0.11	0.07	0.01	0.07
Industry	0.83*	−0.27	−0.06	−0.27	−0.20***	−0.24***	−0.06	−0.23***
Ipo	5.24***	−0.53	−1.13***	−0.60	0.19	0.04	−1.13***	0.10
Region	−2.13***	−1.44***	−0.06	−1.44**	0.03	0.002	−0.06	0.01
_cons	−6.09***	−1.45	−1.19***	−1.52	0.07	−0.42	−1.19***	−0.36
F 值	17.64	2.19	10.96	1.94	7.30	3.81	10.96	3.75
Prob > F	0.0000	0.0000	0.0000	0.0000	0.0000	0.0004	0.0000	0.0000
Obs	2821	1741	1741	1741	2821	1741	1741	1741
Groups	577	358	358	358	577	358	358	358

注：*** 表示 $p < 0.01$，** 表示 $p < 0.05$，* 表示 $p < 0.1$。

由表 4.7 可知，如模型 1 和模型 5 所示，企业规模和企业年龄对经营绩效有显著正向影响，而企业年龄对创新绩效的影响显著为负。除此之外，企业所在行业及是否上市也对衍生企业两种绩效有着不同程度的影响。第一步，我们先验证股东多样性对衍生企业绩效的影响，如模型 2 和模型 6 所示，股东多样性对经营绩效和创新绩效的回归系数分别为 0.82（$p < 0.10$）和 0.19（$p < 0.05$），均显著为正，验证了 H4-1，即股东多样性对衍生企业经营绩效和创新绩效有显著的正向促进作用。第二步，观察股东多样性对衍生企业创新行为（研发投入）的影响，如模型 3 所示，企业股东多样性对研发投入有显著的正向促进作用，验证了 H4-2。第三步，将股东多样性和研发投入同时加入模型中探究二者对衍生企业创新绩效和经营绩效的影响，如模型 4 和模型 8 所示，股东多样性的回归系数分

别为 0.85（p ＜ 0.10）和 0.17（p ＜ 0.05），仍然显著。也就是说，股东多样性对企业绩效的影响通过增加研发投入的路径起作用，研发投入扮演着部分中介的角色，验证了 H4–3。

多重共线性问题可以采用方差膨胀因子来衡量，一般认为，当 VIF 小于 10 时，不存在多重共线性问题；当 VIF 大于 10 时，存在较强的多重共线性问题（杜建华等，2009）。在回归前我们做了 VIF 检验，结果显示所有模型 VIF 值均小于 5，即模型变量之间不存在严重的多重共线性问题。

其次，验证母体机构的研究特征对衍生企业绩效的影响。以衍生企业母体机构研究导向为自变量，考察其对衍生企业经营绩效和创新绩效的影响。构建模型对 H4–4 进行检验。第一步，我们使用 Stata 12.0 做了样本的单变量检验，表 4.8 中的 Panel 1 和 Panel 2 分别检验了全样本中母体机构为基础研究导向型和应用研究导向型在经营利润和专利授予上的均值差异，在样本中，872 个观测值为母体机构为应用导向型，587 个样本为基础研究导向型，结果表明，无论母体研究机构的研究导向是应用研究还是基础研究，衍生企业在营业利润方面均没有显著差异。但当母体机构为应用研究导向型时，衍生企业的专利授权数量明显高于母体机构为基础研究导向型的衍生企业。初步可以认定，衍生企业的母体机构研究导向对企业绩效有积极影响，但统计相关性还有待通过回归模型来证明。

表 4.8　企业次年营业利润和专利授权数量的均值 T 检验（N=1459）

	Panel 1：营业利润的均值 t 检验		Panel 2：专利授权的均值 t 检验	
	Mean		Mean	
	Research type=1	Research type=0	Research type=1	Research type=0
Total	0.4933（N=872）	0.3670（N=587）	0.3928（N=872）	0.3060（N=587）
Std.Err	0.1456	0.1296	0.0282	0.0261
Std.Dev	4.3006	3.1408	0.8331	0.6323
DIFF IN GROUP	0.1263		0.0868**	
T 值	0.6102		2.1435	

注：*** 表示 p ＜ 0.01，** 表示 p ＜ 0.05，* 表示 p ＜ 0.1。

笔者利用 GLS 面板回归验证衍生企业母体机构研究导向对衍生企业经营绩效和创新绩效的影响，其中，因变量为衍生企业的经营绩效和创新绩效，分别采用次年营业利润（$Profit_{t+1}$）和专利授权数量的对数值（$Patent_{t+1}$）来衡量。自变量为衍生企业母体机构是否为基础研究导向型的虚拟变量。并进一步控制反映企业基本情况的企业规模（Firm_Size）、企业年龄（Firm_Age）、企业所在行业（Industry）及企业研发投入（Firm_R&D）等变量。

回归结果如表 4.9 所示，第（1）、第（3）列为仅加入控制变量的模型，第（2）、第（4）列为以次年营业利润和专利授予数量为因变量的结果。可以发现，母体机构研究导向的系数显著为正，分别为 0.46（$p < 0.10$）和 0.11（$p < 0.10$），说明母体机构为应用导向型时，衍生企业的经营绩效和创新绩效要显著高于基础研究导向型的衍生企业，验证了 H4-4。

表 4.9　衍生企业母体机构研究导向对企业绩效的影响

因变量	因变量			
	（1）	（2）	（3）	（4）
	$Profit_{t+1}$	$Profit_{t+1}$	$Patent_{t+1}$	$Patent_{t+1}$
Firm_Age	0.04*	0.04*	−0.02***	−0.02***
Firm_Size	0.17**	0.19***	0.10***	0.10***
Hightech	−0.12	−0.17	0.29***	0.28***
Industry	0.22	0.27	−0.07	−0.06
Ipo	2.22***	2.14***	0.27*	0.26*
Regional factor	−0.17	−0.21	0.04	0.03
Firm_R&D	1.01***	1.02***	0.02	0.02
Research type		0.46*		0.11*
_cons	−1.63***	−1.98***	−0.47***	−0.55***
Wald Chi2	223.55	227.63	117.11	121.09
Prob > Chi2	0.0000	0.0000	0.0000	0.0000
Within R^2	0.11	0.12	0.02	0.02
Obs	1459	1459	1459	1459

续表

	因变量			
	（1）	（2）	（3）	（4）
因变量	$Profit_{t+1}$	$Profit_{t+1}$	$Patent_{t+1}$	$Patent_{t+1}$
Groups	294	294	294	294

注：*** 表示 p < 0.01，** 表示 p < 0.05，* 表示 p < 0.1。

4.5　本章小结

本章利用中国科学院及其研究院所的 358 家技术型衍生企业 2008—2017 年的非平衡面板数据，对衍生企业母体机构特征、股东多样性与企业创新行为及创新产出的关系进行了研究。实证结果表明，衍生企业的股东多样性对企业的财务绩效和专利产出均有显著的促进作用。同时，衍生企业研发投入在股东多样性与企业绩效的关系中起部分中介作用。这与现有研究结论相比较，是一个新的发现。前人（Penner-Hahn and Shaver，2005；Artz et al.，2010）研究更强调研发投入的企业要在产生专利发明上下功夫，主要原因在于企业有较强的学习和吸收能力，但是少有研究关注何种因素影响了衍生企业的研发投入增长。仅有一些研究认为激励企业研发投入的因素有税收优惠、政府补贴等，并且多是从公司治理视角出发探究创业团队的异质性或董事会多样性对企业绩效的影响（李利和陈进，2020），或者是从代理理论出发研究股权集中度对企业绩效的影响，认为由于代理问题的存在，股权集中度较高的企业一般绩效更好。但已有研究较少从股东多样性出发探究衍生企业的发展。本章从企业内部因素出发丰富了影响企业创新行为和创新意愿的研究，衍生企业由于脱离母体机构成为参与市场竞争的独立组织，在建立初期和后续发展过程中面临着资源匮乏的挑战，在进行创新活动方面需要规避风险，在研发投入上可能会比较小心谨慎，创新投入意愿不强。因此，本章从资源依赖理论视角出发，针对衍生企业的股东特征，提出了股东多样性对衍生企业创新行为与创新产出的影响机制，补充了影响衍生企业创新绩效前因因素的相关研究。

此外，不同于已有研究关注衍生企业母体高校的学科专业对衍生率的影响，本章利用中国科学院的衍生企业数据发现，衍生企业母体研究机构的研究导向对企业绩效也有显著的影响。具体而言，以应用研究为导向的母体机构的衍生企业明显有更高的经营绩效和创新绩效。这也验证了母体机构对衍生企业的知识管理和学习路径有一定的影响。母体大学是衍生企业发展的重要依托，如果母体研究机构为基础研究导向型，那么衍生企业中的学术创业者和研究人员的科研模式就倾向于与母体机构类似，短期内难以获得经济回报。而应用研究导向型的母体机构，与市场实际需求方向比较接近，对衍生企业的研发投入会更多地倾向于应用研究方面。

综上所述，本章对衍生企业、科研院所及大学有一定的启示。首先，衍生企业在创生时，应尽可能多吸取外界投资者的参与，无论是企业股东还是其他类型的股东，应当提升股东的多样性，充分利用各类股东可以提供的资源和机会。其次，虽然科研院所与衍生企业是"母子"关系，但对于研究院所100%控股的衍生企业来说，母体组织的风险承担能力和资金来源都有限，并且现有衍生企业会与母体组织研究模式和管理方式类似，大学和科研院所是"国有"属性，而企业是参与市场竞争的独立法人，要以追求利润最大化为目标。大学和科研院所对市场需求的把握有所欠缺，在市场化方面并不擅长，需要从其他企业和社会主体中吸取管理经验并学会把握商业化机会，衍生企业应当主动避免相关的路径依赖和锁定，主动了解市场需求，解决实际问题，从而进行产品创新。

第5章 创新生态系统战略对衍生企业创业绩效的影响

5.1 引言

在激烈的市场竞争中，学术创业者面临企业的技术能力能否帮助企业获得良好的经济回报等问题（Lin et al.，2006；李德辉等，2019），同时他们也会思考如何将企业现有的技术发挥出最大的杠杆效用。以中国科学院为例，其创立高技术衍生企业的实践在国内来说相对丰富完整，成效也较高。但不可否认，中国科学院系统内各研究院所的技术快速发展在很大程度上来源于国家的多年计划支持，包括973计划、科技攻关计划、863计划和国家自然科学基金等。仅2014年中国科学院获得自然科学基金用于基础研究的资金就达24.68亿元。根据中国科学院年度决算统计表，我们绘制了2012—2014年财政拨款用于基础研究等的情况，如图5.1所示。可以看出，中国科学院在自然科学基金、重点基础研究规划、科技重大专项方面获得的财政资金支持非常多。然而，值得思考的是，一旦这些实验室产出的高新技术脱离了国家和高校的支持开始走向市场化道路，是否仍然能在激烈的市场环境中快速成长并具备竞争力还有待探究。鉴于此，以中国科学院及其研究院所衍生企业为研究对象探究衍生企业的创新战略及影响机制将十分具有代表性。

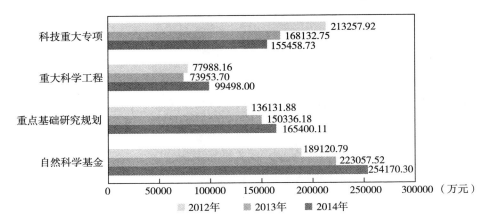

图 5.1　2012—2014 年中国科学院获得财政拨款的情况

　　由于衍生企业在成立初期主要是技术导向，存在对母体大学的路径依赖，仅强调技术的前瞻性，缺乏系统性思维和市场化思维，创业初期往往面临着资金短缺、管理技巧与市场经验匮乏等问题，进行学术创业的学者在创造和保持商业产出方面面临着许多挑战和壁垒（Mosey and Wright，2007）。大学和科研院所实验室产生的尖端技术通常因为缺乏配套技术和互补技术无法快速实现商业化，从而产生成果转化率不高、企业经营状况不佳的结果。技术到产品创新需要一定的过程，例如，技术 A 的成功商业化需要技术 B、材料 C 和设备 D 的共同跟进和创新，而仅仅技术 A 的快速发展是无法产生出符合商业化的产品的，即企业自身开发突破性的技术并不能简单快速地占领市场，因此，如何提升技术商业化和科技成果转化的质量和效率，促进衍生创业企业健康发展，已成为政府和学术界关注的重要议题。目前，从衍生企业如何制定战略视角出发看对创业绩效的影响的研究较少，企业的技术能力如何与其创新战略匹配从而促进企业绩效增长是一个重要议题。学术创业是一个动态性的、多层次的生态系统，由个体、组织和制度环境等各个水平的主体参与（Hayter et al.，2018），技术创新需要大学、衍生企业自身和其他参与主体的协同来推动。高新技术的发展和商业化需要相应的互补技术协同发展才能创造更大的价值。因此，本章认为，学术创业的相关研究应当从更加系统的理论视角出发。此外，已有研究多针对发达国家的情境，国内学术创业的研究成果中有一大部分都关注如何借鉴欧美国家的成功经验，而以我国衍生企业为基础的定性和定量研究非常缺乏。以中国为代表的新兴经济体飞速发展，针对新兴经济体的学术创业研究逐渐获得关注，应当探索学术创业在新兴国家经济和社会发展过程中的重要性，为学术创业相关理论作出补充，为新兴经济体衍生企业的发展提供指导。

本章采用纵向面板调研数据和二手公开数据，跟踪研究了 2008—2017 年中国科学院及其研究院所的 225 家衍生创业企业。本章突破了已有的理论视角和思路，从创新生态系统视角出发，考察了衍生企业的嵌入生态系统战略对企业技术能力和创业绩效关系的调节作用机制，研究结论将为衍生企业如何利用和整合相关资源进而提升研发投入效率、实现企业的持续增长给予指导和建议。

5.2　文献回顾与研究假设

目前国内外对衍生企业的研究主要从三个层面开展：第一类从母体大学本身的特征出发，这一研究视角包括大学学科优势和基础、大学的相关政策和制度设定以及大学的知识基础和能力等。第二类从系统层面出发，探究政府制度和地方情境对衍生企业的影响，以及衍生企业对区域经济的影响，强调环境对学术创业的影响（Urban and Chantson，2019；夏清华等，2010）。第三类从学术创业者个体层面出发，探讨学者潜在的经验和能力（Rasmussen et al.，2011）、学者的性别特质（Abreu and Grinevich，2017）、学者学术创业动机和身份认同（Guo et al.，2019）、个人特质和人力资本（Mosey and Wright，2007；陈劲和朱学彦，2006）、创业认知和创业导向（易朝辉和管琳，2018）等对衍生企业及其绩效的影响。

根据资源基础观，有价值、稀缺的、不可模仿和不可替代的资源是企业获得竞争优势和提升绩效的基础（Barney，1991）。对于创业企业来说，企业经营活动所需要的资源，包括人力资源、技术资源、财务资源等（林嵩，2007；蔡莉和柳青，2007）面临诸多挑战和限制。随着创新环境日益复杂，创业企业仅通过内部研发也很难满足其经营需求，外部资源知识的获取和利用对企业的经营和创新将十分重要，因此母体大学常作为衍生企业关键技术和资源的重要来源，认为大学衍生企业的绩效表现非常依赖于母体大学及政府主导的区域环境。（林嵩和刘小元，2013）。杨德林等（2007）研究了大学所在地理位置对衍生企业的影响，发现衍生企业的活跃度和绩效表现有很强的地理位置差异性，经济比较发达及研究型大学较多的区域，大学衍生企业发展水平较高。张云逸和曾刚（2009）研究发现我国大学衍生企业在数量分布和收入方面存在明显的区域性，主要集中在东部地区的省份和直辖市，尤其是北京、上海和江苏等地。夏清华等（2010）针对我国武汉地区高校衍生企业的研究表明，外部环境对衍生企业的支持力度、母体大学对衍生企业的支持方式是影响衍生企业绩效的决定性因素。但是仅从资源基础观出发，无法解释为何清华大学、北京大学等国内顶尖高校的衍生企业即使自身技术非常超前、实验室成果很新还是面临后期经营的困难和失败的现象，仅考虑母体大学和区域经济发展水平的影响还不够。此外，许多研究从认知理论、动机理论探究了个体学术创业者对衍生企业的影响（易朝辉和管琳，2018），但创业者个体对企业技术发展和商业化的影响十分有限，因此，从系统性视角出发，综合考虑影响衍生企业技术商业化的因素十分有必要。

生态系统的概念由生态学家 Tansley（1935）首次提出，随后被逐渐应用于经济管理领域中。组织生态学是生态概念扩展到组织理论研究的一个重要领域（Hannan and Freeman，1977），描述了组织与其周围环境之间的关系，核心内容包括组织种群进化过程中的变种、选择和保留，组织群落内部的动态变化，以及组织形态、生态因素和宏观环境条件如何影响组织建立、变革和死亡的比率。组织生态学提供了一个检验组织如何通过进化来应对环境因素变化的动态视角，但也存在一定的局限性。由于组织并不是独立存在的，也不能自给自足，因此进化过程需要从整个生态的层面去理解，但组织生态视角缺乏对组织之间的关系的研究，过分强调竞争而忽视了合作的重要性。随后，有学者将更广泛的生态框架引入以研究组织之间的竞合关系及企业之间的交易和互动（Moore，1993；Iansiti and Levien，2003），Moore（1993）提出了商业生态系统的概念，Adner（2003）又提出了创新生态系统的概念，描述相互依赖的组织之间通过交互作用和知识分享，共同进化并发展出一系列新的能力以应对商业环境的变化的过程。

创新生态系统是在原有的组织生态和商业生态基础之上发展起来的一个理论视角。传统的竞争思维强调企业对产业的选择或者企业拥有的资源会为企业带来持续的竞争优势（Porter，1985；Barney，1991），随着技术和产品复杂性的增加及市场需求的多样化，创新生态视角在组织战略选择和制定相关的研究中受到广泛关注（Iansiti and Levien，2003），也在企业实践中得到了证实（如英特尔、苹果和阿里巴巴）。从区域角度的研究分析发现硅谷、中关村科技园等区域的发展也得益于其创新生态系统。创新生态系统视角认为，组织是开放运行的系统，由于不同组织占据着不同的资源、市场和技术，因此组织之间存在相互依赖性。生态系统的参与主体往往拥有共同的价值目标，包括核心企业、上游组件供应商、下游互补件提供商及客户等主体（Adner and Kapoor，2010）。创新生态系统关注的是影响核心价值主张实现的相互依赖的网络主体，侧重于从互补性和依赖性视角解释企业的战略选择和创新活动（Adner and Kapoor，2010；Adner，2017）。上游组件供应商和互补者是创新生态中的重要概念，上游组件供应商会影响核心企业能否快速将其创新产品提供给市场，而下游互补者关系到核心企业能否利用其产品为消费者创造价值。创新生态系统中的组织可以进行跨组织学习、获取互补性资源等活动。而作为一个有机整体，创新生态系统的构成还包括多种创新参与主体及创新环境要素，例如，自然环境（地理位置和景观等）、文化（集体精神和社会规范等）、市场（客户和社会网络等）、制度（政策法规等）和其他支持要素（基础设施和专业服务等）（蔡莉等，2016），均可以为企业提供丰富的信息和资源，从而促进整个创新生态的绩效和企业自身绩效。创新生态视角既强调政策制度和市场需求等因素对创新的作用，也强调核心企业与其他企业、企业与环境之间的动态互动关系（胡京波等，2018），认为创新生态内的企业和其他主体之间存在技术的相互依赖（Jacobides et al.，2018），只有核心技术与互补技术协同发展，才能更好地为市场提供创新产出。目前，将创新生态系统视角运用到学术创业研究中才刚刚开始，Meng 等（2019）从创新生态视角利用案例方法探究了学术创业的生态参与者（创业者研发团队、商业合作伙伴及领先用户）在技术不同发展阶段向大学转移的不同类型的产业知识及其作用，证实了产业界对学术创业的知识溢出效应，但尚缺少相关的实证检验。

综上所述，我们发现从衍生企业自身出发，在创业初期如何有效地利用自身技术能力与市场更好地接轨，更好地实现商业化，需要将技术企业的内部技术能力和生态系统的互动影响同时进行探究。Hitt 等（2011）认为，企业的能力资源必须与其战略合适地匹配起来才能帮助企业实现竞争优势。但是学界目前针对适合衍生创业企业战略的研究十分匮乏。无论从研究样本上还是研究视角上都需要进一步突破。本章将从创新生态系统视角出发，探究科研院所衍生企业创新生态系统战略对衍生企业创业绩效的影响，试图填补相关的研究空缺。

5.2.1 衍生企业技术能力对创业绩效的影响

技术能力是企业配置和利用多种资源和技术的能力，也是企业为了获得竞争优势所需要的重要战略资源。许多有关研发投入和技术能力对企业绩效的影响研究表明企业的研发投入力度越大，则盈利能力越强。Aw 和 Batra（1998）对制造业企业的实证研究结果发现，技术能力与企业效率存在正相关关系。Tsai（2004）以中国台湾地区 45 家大型制造业企业的面板数据为样本，发现技术能力对企业绩效存在重要影响。Ortega（2010）也发现技术能力与企业绩效有显著的正相关关系。

吸收能力理论认为，企业的吸收能力是帮助其实现组织绩效的重要因素之一。吸收能力指的是企业识别新的外部信息、同化并且把这些信息转化为商业价值的能力（Cohen and Levinthal，1990），包括知识获取、知识同化和知识应用三个维度。一般认为，企业的技术能力越强，其吸收能力也越强（闫泽斌等，2017），企业在某个具体领域的技术能力越强，越能检索到临近信息并利用已有知识存储将其产生即时收益（Zhou and Wu，2009）。已有研究发现，企业自身的知识能力和技术发展会帮助其利用和获取外部知识（Cassiman and Veugelers，2006），通过提升技术能力进而帮助企业有效整合内外部资源以获得创新产出是自主创新的本质所在（闫泽斌等，2017）。拥有较强技术能力的创业企业也更倾向于从其联盟伙伴中获取互补性资产（如制造资源和市场资源），从而更好地将其新产品商业化（Rothaermel and Deeds，2004）。对于高技术企业来说，研发活动对组织学习、创新，以及在竞争市场中获得长足发展优势非常重要（Cohen and Levinthal，1990），增加研发投入和技术能力可以促进企业经营绩效的提升（Pandit et al.，2011）。技术能力是企业内部资源的一种，高技术企业以技术为主导更需要通过技术资源的积累来提升自己的创新能力和市场竞争力。技术人员携带着复杂的隐性知识，其身上的技能和知识系统与企业利用知识和提升研发能力关系密切。虽然有研究表明，随着技术能力的增长企业会出现组织惯性和能力陷阱（闫泽斌等，2017），但是对于新创企业来说，一直处于不断学习和追赶当中，与大型在位企业相比，较难出现组织惯性或灵活性缺失的问题。由此，提出以下假设：

H5-1：衍生企业的技术能力对企业创业绩效有正向促进作用。

5.2.2　嵌入创新生态系统战略的调节作用

学术创业不是独立的活动，而是包括一系列事件的持续性过程（Friedman and Silberman，2003）。衍生企业是市场环境下的竞争性企业，在创业初期具有先天性劣势，规模小、资源匮乏、管理技巧和市场经验缺失等使其难以具备整合市场资源的能力（刘小元等，2017）。单个创新的成功，通常依赖于企业外部环境中的其他创新的成功（Adner and Kapoor，2010）。企业的战略决策及行为会受到外部环境的约束，包括企业所处的市场、技术、制度环境等。衍生企业在初期发展阶段除了培育自身的技术能力，同样需要获得关键的资源从而克服新进入者劣势。这些资源和资助可以通过嵌入现有的创新生态系统来获取，如政府机构的支持和政策发展，也可以来自风险投资。针对美国和英国衍生企业的研究发现，在风险投资和创业者缺乏的环境里，衍生企业的发展将面临更多的困难，而在对创业企业有利的区域环境里，母体学校在衍生过程中则不需要提供太多支持（Roberts and Malonet，1996）。O'Shea 等（2008）认为大学衍生企业的战略形成和绩效受到其外部环境中的资本可得性、区域知识基础及产业结构等的影响。

我国高新技术产业开发区是发展高新技术产业的基地，以电子信息技术、新材料技术、航空航天技术等高新技术为基础，包含了从事一种或多种高新技术及其产品的研究、开发、生产和技术服务的企业集合，区域内有大量科技人员、创业服务中心和高新技术企业等，以共同促进关键技术的开发、促进科技成果转化和区域经济发展为目的。我国各个高新区自设定时就有具体的主导行业和核心发展技术，因此，根据已有概念可以将其看作围绕某些高新技术发展从而实现创新产业化的创新生态系统。

作为 20 世纪 80 年代以来引入的"硅谷"模式，我国高新技术产业区将科技创新资源进行聚集并促进了产业区域内组织间的学习。高新技术产业区的创新生态系统经历了从无到有，从开始创建到逐步发展再到成熟的过程，逐渐构建了完善的基础设施和平台来支持高新技术产业的发展。生态系统内为企业提供的支持要素可以提升衍生企业创业导向水平和绩效表现（李雯和夏清华，2013），系统内供应商和分销商、新创企业数量及经济状况等经济要素对创业活动都有影响（Glaeser and Kerr，2009）。在创新生态系统发展成熟度较高的区域，通常具备一定的规范性和产业领导者，市场规范和政策法规更加完善，产业链的完整程度也更高，相关的技术发展也更加成熟，并且生态系统内聚集了大量的客户、支持服务机构以及风险投资机构等。通过嵌入已有的创新生态系统，衍生企业创业者可以从现有的产业实践者那里快速学到知识，从而产生更有商业化潜力的新想法和符合市场需求的创新（Baba et al.，2009）。同时，衍生企业也可以通过商业合作伙伴及个人的产业经验获得创业规范、市场信息及应用场景等相关产业知识（Jain et al.，2009）。衍生企业可以更方便地整合自身新技术与下游的营销、制造、销售、售后服务等配套性的互补资产（Teece，1986；欧阳桃花等，2018），并且有机会获得更多的资金支持和成熟的服务。在市场需求多变的背景下，创业企业需要不断寻找新的市场机会和增长点（刘小元等，2017）。企业在创新生态系统参与主体中获得的一手市场信息可以成为其核心资源，帮助企业预测市场，获取和利用市场机会（李德辉等，2019）。在已有的成熟创新生态系统中，衍生企业作为后来的嵌入者，可以采取跟随战略或者主动寻找利基市场进行技术创新从而获得市场竞争力。

同时，衍生企业的创业绩效会受到企业内部因素和外部环境因素的共同影响。组织间学习的效果十分依赖于企业现有的知识存量和吸收能力（Powell et al.，1996）。衍生企业能从生态环境中吸收多少资源和技术在很大程度上取决于其吸收能力。虽然企业的技术能力会促进其对外部技术的利用（闫泽斌等，2017），但新技术的商业化也是非常复杂的过程，企业如何选择外部生态环境从而获取知识和资源是一项重要的战略决策。在成熟的创新生态系统中，更加丰富的人才和商业机会有利于企业进行创业资源的整合从而提高新创企业绩效（彭学兵等，2019）。因此，提出以下假设：

H5-2：衍生企业嵌入生态系统成熟度对企业技术能力与创业绩效的关系有正向调节作用，嵌入成熟度越高的创新生态系统，技术能力对创业绩效的促进作用越大。

企业进行技术创新的最终目的是向市场提供满足消费者需求的产品和服务，创造价值并从中获取价值。已有研究发现，衍生活动更容易发生在高技术集群区，因为在这些区域更容易获得关键专业技术、网络和知识（Saxenian，1995）。任何技术的生存和发展都不是孤立的，多种技术之间往往存在共生、互补或者竞争的关系。创新生态系统中的上游组件供应商关系到核心企业能否快速将其创新产品提供给市场，而下游互补者关系到核心企业能否利用其产品为消费者创造价值

（Shipilov and Gawer，2020）。以半导体光刻设备行业为例，光刻技术是芯片制造中的重要技术之一。核心企业设计和组装半导体光刻工具，而这些工具需要核心企业整合能源和镜片相关产品，同时，光刻工具生产厂商要将产品提供给半导体制造商，后者为了更好地满足消费者需求，在将光刻工具运用到制造中时又必须整合电阻和掩模相关技术和产品。参考已有研究（Adner and Kapoor，2010），光刻工具的创新生态系统如图 5.2 所示。光刻工具生产商作为核心企业，其任何技术创新都可能会给其他的生态系统要素带来挑战，可能需要能源生产商和透镜生产商采用新的工作方式和新的材料，同时，半导体制造商在制造过程中也需要掩模生产商进行更新换代，需要电阻生产商重新配置化学抗蚀剂从而更好地控制化学反应，最后才能产生出配套的产品。在任何高技术产业中，都存在类似的生态系统，以及材料、设备、技术之间的关联性。因此，对于技术型企业来说，关键技术的产业化需要设备、材料、工艺及上下游企业的共同配合（柳卸林等，2015）。当企业核心技术所需的某个关键的互补技术发展欠缺时，可能会导致核心技术的失败（Adner，2006）。生态系统中任何要素的缺乏和落后，都会限制新技术的发展和商业化，阻碍核心企业和其他企业共同为市场提供更有价值的产品和服务。

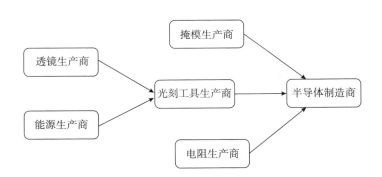

图 5.2　半导体光刻工具的创新生态系统

　　通过嵌入技术相似性高的创新生态系统中，一方面，衍生企业可以近距离与同行之间进行更多的交流，获得技术上下游的最新技术进展，减少了衍生企业获取市场信息的成本并降低技术挑战，从而可以降低信息不对称性程度，减少企业研发投资失败的可能性，更好地洞察商业机遇。无论衍生企业是通过合作还是竞争的形式都可以帮助其自身解决创业过程中遇到的难题。与同行之间的竞争会促进衍生企业更加快速地学习本技术领域需要的相似性知识和专业化知识，更快地接触到产业最新的技术和信息，这样不仅可以帮助衍生企业在技术变革中存活，还可以有助于企业获得发展自身技术的相关资源。此外，技术相似高的生态系统可以让企业更方便地在领域内利用和吸引类似的技术人才，减少学习新知识的成本，提升企业的学习速率和核心技术能力。嵌入相似的生态系统中往往也更利于企业获得广大的消费者群体，享受更多的相关政策优惠，从而攫取更多的商业价值。

另一方面，企业核心技术的更新和发展会带动上游组件供应商和下游互补者的快速发展。下游互补性技术作为一种互补性资产，可以帮助企业形成技术解决方案（Teece，1986），减少企业发展新技术的风险（Choi and Anadón，2014），缺乏互补者和互补资产的商业环境会延缓创新的商业化进程和技术采纳速率（Ethiraj，2007）。因此，嵌入技术相似的创新生态系统中，增加了企业获得互补者和互补资产的概率，从而可以帮助核心企业更好地实现技术商业化。研究发现，生态互补者的属性会影响企业的知识获取与重组（Rothaermel and Deeds，2006），当企业的自身技术体系与外部技术重合程度较高时，企业对外部技术的吸收效率也会得到提升（Sears and Hoetker，2014）。衍生创业企业的创新生态战略必须与企业自身的技术积累相匹配，才能创造出更大的商业价值。据此，提出如下假设：

H5-3：衍生企业嵌入技术相似性高的生态系统中对企业技术能力与创业绩效的关系有正向调节作用，嵌入技术相似性越高的创新生态系统，技术能力对创业绩效的促进作用越大。

综上所述，本章的理论框架如图 5.3 所示。

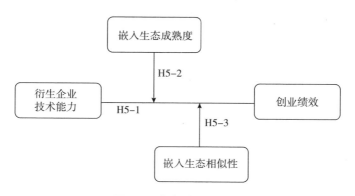

图 5.3　本章的理论框架

5.3　研究样本与方法

5.3.1　研究样本

本章选取中国科学院及各研究院所的衍生企业作为研究样本。由于衍生企业大多未上市且为初创企业，因此一般的研发详细数据和经营数据未对外公布，笔者只能通过两种途径获取数据：一是上市的衍生企业根据其年报披露获取数据。二是未上市的企业数据，如基本信息和经营数据等均来源于 2008—2017 年连续十年的年度调查数据；衍生企业的组织形式、股东信息、对外投资数据等均来自天眼查数据库。

与此同时，1988 年 8 月，原国家科委为了响应科教兴国战略，发挥我国科技优势与潜力，促进高新技术研究成果商品化和产业化，制定了"火炬"计划。作为"火炬"计划的重要内容，自 1988 年起，中国就着力建设和发展高新技术产业开发区，截至 2019 年 8 月，我国国家高新区数量达到 175 个。国家高新区以"发展高科技，实现产业化"为宗旨，近年来在优化创新创业环境、提升自主创新能力、培育新兴产业方面取得了显著的成绩。本书中高新区主导产业、高新区所在地和建立时间的详细信息来源于科学技术部火炬高技术产业开发中心官网公布的国家高新区名单，各省份的高新区建立时间及具体的主导行业如本书附录所示。

5.3.2　数据清洗

现有研究将创业企业定义为成立时间在 10 年及以下的企业（彭学兵等，2019；程德理，2019），因此本章剔除了不符合该标准的企业样本，由于调查年份始于 2008 年，因此本章筛选出了注册时间在 1998 年以后的所有技术型初创企业的相关数据，并且按照 2017 年《国民经济行业分类》（GB/T 4754—2017）对企业所在的行业进行了大类划分。剔除掉具有明显的错误、存在缺失值和极端值的观察数据后，共得到 967 个衍生企业年度观测值，考虑到本章的主要研究内容，仅选取建立在高新区的新创衍生企业，最终得到 225 个企业的非平衡面板数据共计 825 个观测值。

5.3.3 变量衡量

（1）控制变量。衍生企业的创业绩效与其本身的一些属性相关，本章控制了一些可能影响企业创业绩效的因素，如年龄（*Age*）、规模（*Size*）、所在行业（*Industry*）等。参照以往研究，将这些变量加以控制（彭学兵等，2019）。企业年龄以企业注册年份与调查年度的差值来衡量，企业规模用企业总资产（千元）衡量。此外，还加入了企业所在行业、是否为上市公司、研发投入及年度虚拟变量控制不同观察年份的差异可能带来的影响。

（2）自变量。技术能力（*TC*）。技术能力反映了企业运用技术知识和资源的能力（闫泽斌等，2017），随着时间和经验的不断积累，一般认为企业技术能力越强，吸收能力就越强（Cohen and Levinthal，1990）。已有研究采用研发强度（闫泽斌等，2017）或专利数量产出和引用率（Coombs and Bierly，2006）来衡量企业技术能力，但由于本章样本选择的是衍生创业企业，这些企业成立时间短，专利数量产出和引用非常少。因此，本章选择使用企业的研发人员数量来衡量技术能力。

（3）因变量。创业绩效（*Sales*）。创业绩效一般是对创业者创业目标实现结果的衡量。衍生企业的建立多数情况下是为了实现技术成果产业化，因此作为商业组织，商业上的成果诸如盈利能力和增长能力非常重要。研发投入对于企业来说是一种经济资源占用行为，由于研发活动具有投资回报周期长等特点，其对企业实际产出的影响具有时滞性。因此，本章从衍生企业的财务绩效进行分析（陈劲和朱学彦，2006），参考前人的研究成果，采用衍生企业滞后一年的销售收入和利润总额来衡量创业绩效（Ensley et al.，2002）。

（4）调节变量。生态系统成熟度（*Maturity*）。高新区建立的时间越长，代表此地区相关产业的配套设施越多，高新区的产业生态构建越成熟和完善。因此，采用衍生企业所在的高新区截至考察年份已成立的时间长度（年），对其对数值进行模型回归。

生态系统相似性（*Similarity*）。采用衍生企业所在高新区的主导产业是否与企业主营业务范围一致来衡量，是二元变量。本章中高新区所在地及其主导产业的信息来源于科技部火炬高技术产业开发中心官网，一个高新区的主导业务可以有1~4个，例如，青岛高新区的主导业务为"软件信息、医药、智能制造"。衍生企业的主营产品技术领域来自国科控股和课题组对衍生企业的年度调查。高新区的主导产业若与企业自身主营业务一致，则可以为企业提供更多相关性较高的知识和资源。笔者对以上两者进行判断并将达成一致的结果作为相似性的最终变量值。当企业主营产品所属技术领域在高新区主导业务范围内时，变量值设为 1；当企业主营产品所属技术领域不在高新区主导业务范围内时，变量值设为 0（见表 5.1）。

表 5.1　变量的定义

变量分类及名称	变量符号	定义和测度
因变量		
创业绩效	*Sales*	衍生企业 i 第 t+1 年度的销售收入总额（千元）
自变量		
技术能力	*TC*	衍生企业 i 第 t 年在职的技术人员数量
调节变量		
生态系统成熟度	*Maturity*	衍生企业所在的高新区截至考察年份已成立的时间（年）
生态系统相似性	*Similarity*	衍生企业所在高新区主导产业是否与企业主营产品业务领域相一致（虚拟变量，一致 = "1"，不一致 = "0"）
控制变量		
企业年龄	*Age*	截至第 t 年年底，创业企业成立的年数
企业规模	*Size*	创业企业 i 第 t 年总资产数的对数值
研发投入	*R&D*	创业企业 i 第 t 年研发投入金额的对数值
产权性质	*Ipo*	创业企业 i 是否上市（虚拟变量，上市 = "1"，未上市 = "0"）
所在行业	*Industry*	创业企业 i 是否属于制造业（虚拟变量，是 = "1"，否 = "0"）
年份	*Year*	观察年份（虚拟变量）

5.3.4　模型选取

由于有些企业填报数据存在缺失现象，创业企业成立年份不统一，所以本章的数据样本为非平衡面板数据，需要进行非平衡面板回归。在正式估计之前，需要进行一系列检验再选择合适的模型进行回归。对于因变量为连续变量的情况，为了减少变量损失，提高模型估计的准确性，本章采用面板 GLS 随机效应回归模型。为提升模型的稳健性，减少异方差问题带来的模型回归问题，本章回归同时选取 OLS 和稳健标准误进行估计。

5.4 实证检验结果与分析

5.4.1 主要变量的描述性统计及相关性分析

本章采用 Stata 12.0 对研究主要变量进行描述性统计分析，如表 5.2 所示。观测值为 225 个企业的非平衡面板数据共计 825 个年度样本。可以发现，变量之间的相关系数大部分都小于 0.5，初步认为变量之间不存在明显的多重共线性问题，考虑到个别相关系数大于 0.5，后续笔者进行了更严谨的 VIF 检验。根据相关性系数可以发现，企业的技术能力、生态系统相似性与生态系统成熟度与企业销售收入均呈正相关关系。

表 5.2　平均值、标准差及变量间的相关性系数（N=825）

变量	均值	标准差	1	2	3	4	5	6	7	8	9
Age	5.82	2.83	1								
Size	8.39	1.65	0.30***	1							
Industry	0.52	0.50	0.07	0.18***	1						
Ipo	0.11	0.31	0.18***	0.34***	0.13***	1					
R&D	0.47	1.46	0.15***	0.38***	0.06	0.22***	1				
TC	51.65	84.55	0.21***	0.54***	0.05	0.42***	0.39***	1			
Maturity	20.42	0.48	−0.01	−0.11***	−0.11***	0.06	0.06	0.02	1		
Similarity	0.55	0.49	0.04	0.09***	−0.12***	0.11***	0.11***	0.15***	−0.07	1	
Sales	6.62	25.44	0.14***	0.40***	0.09***	0.36***	0.72***	0.35***	0.04	0.10***	1

注：*** 表示 $p < 0.01$。

5.4.2 单变量检验

在进行分层回归之前，首先进行单变量检验。表 5.3 分别检验了全样本中高新区主导产业与企业主营业务是否一致，以及企业所嵌入的生态是否处于成熟状态时企业在销售收入均值方面的差异。按照高新区成立时间是否高于 / 低于样本均值将其划分为成熟和非成熟生态系统。

表 5.3　企业次年总销售收入的均值 T 检验（N=825）

Year	Mean		Diff	Mean		Diff
	Similarity=0	*Similarity*=1		*Maturity*=0	*Maturity*=1	
2008	468.998	571.827	−102.829	634.914	184.135	450.778
2009	−128.768	730.888	−859.655[*]	402.531	211.243	191.288
2010	472.521	1190.676	−718.154	883.634	897.621	−13.987
2011	16.871	1537.773	−1.5e+03[**]	−6.464	873.837	−880.301
2012	751.485	358.913	392.572	−464.436	649.743	−1.1e+03
2013	636.372	263.692	372.680	−543.578	515.286	−1.1e+03
2014	532.068	133.595	398.473	−480.558	371.216	−851.774
2015	−229.295	648.142	−877.437	−358.959	319.755	−678.713
2016	−547.567	728.953	−1.3e+03[*]	−1.5e+03	464.740	−2.0e+03[*]
2017	−24.682	55.054	−79.736	−496.622	98.572	−595.194
Total	159.5421 （N=370）	661.3003 （N=455）		224.8677 （N=206）	506.6119 （N=619）	
Std.Err	118.7420	131.5438		166.5305	106.8498	
Std.Dev	2284.048	2805.924		2390.162	2658.392	
DIFF IN GROUP	−501.776[***]			−281.7442[*]		
T 值	−2.7729			−1.3502		

注：[***] 表示 p＜0.01，[**] 表示 p＜0.05，[*] 表示 p＜0.1。

　　结果表明，在 2008—2017 年，除了 2012—2014 年，其他年份企业嵌入相似的生态系统时，创业绩效都要优于未嵌入相似生态区域的衍生企业。总体样本 T 检验也显示相比于 *Similarity* 为 0 的衍生企业，*Similarity* 为 1 的衍生企业创业绩效明显更高（Diff=−501.776，p＜0.01）。此外，除了 2008 年和 2009 年，嵌入生态成熟区域的衍生企业的创业绩效都要高于生态成熟度水平较低的衍生企业。总体样本 T 检验结果表明，*Maturity* 为 0 的衍生企业，创业绩效显著低于 *Maturity* 为 1 的衍生企业（Diff=−281.7442，p＜0.1）。但以上结论统计上的相关性还有待下文进行进一步回归验证。

5.4.3　回归分析结果

由于有些企业填报数据存在缺失，创业企业成立年份不统一，所以本章的数据样本为 2008—2017 年连续 10 年的非平衡面板数据。由于因变量为连续变量，为了减少变量损失，提高模型估计的准确性，故本章采用面板 GLS 随机效应回归模型。为了验证本章提出的调节作用，参照 Aiken 等（1991）的方法，采取分层回归模型。第一步为只加入控制变量的基础模型；第二步加入自变量对因变量进行回归；第三步为了减少可能的多重共线性问题，对调节变量和自变量做了去中心化处理，生成交互项后代入回归方程。

表 5.4 展示了技术能力和嵌入生态系统特征对衍生企业绩效的影响。其中模型 1 为只加入控制变量的模型，结果显示，控制变量企业年龄和企业规模对企业创业绩效的影响都为正，回归系数分别为 0.37（不显著）和 4.27（$p < 0.01$），是否为制造业企业对创业绩效的影响并不显著。H5-1 预测了企业技术能力与创业绩效的关系，根据模型 2 的回归结果，我们发现在控制了其他变量的条件下，衍生企业技术能力对创业绩效有显著的正向影响（$\beta=0.06$，$p < 0.01$），验证了假设 5-1。模型 3 为同时加入自变量和两个调节变量的结果，可以发现二者对企业创业绩效均有正向影响。模型 4 和模型 5 为分别加入了单个调节变量和交互项的调节效应模型，模型 6 为加入了所有变量和交互项的全模型。

H5-2 和 H5-3 分别预测了嵌入生态成熟度和生态相似性对技术能力和创业绩效关系的调节作用。模型 4 的回归结果显示，模型整体显著，组内 R^2 达到 0.1815，比模型 1 至模型 3 都有提升，技术能力与生态成熟度交互项的系数为正（$\beta=0.11$，$p < 0.01$），表明衍生企业嵌入生态的成熟度具有正向调节作用，嵌入生态系统的成熟度越高，技术能力对创业绩效的促进作用越明显，验证了 H5-2。同样，模型 5 验证了生态相似性的调节作用，模型 R^2 达到了 0.1883，模型整体检验显著。技术能力与生态相似性交互项的系数为正（$\beta=0.08$，$p < 0.01$），表明衍生企业嵌入生态系统的相似性具有正向调节作用，嵌入地区的生态相似性越高，技术能力对创业绩效的促进作用越明显，因此 H5-3 也得到验证。模型 6 为全模型，同时纳入生态成熟度和生态相似性以及交互项后，交互项系数仍然显著，且 R^2 此时达到最大值（0.1926）。通过 VIF 检验变量之间是否存在严重的多重共线性问题，结果发现，所有变量 VIF 值均小于 10，可以认为变量之间不存在严重的多重共线性问题。

表 5.4　衍生企业技术能力与生态系统成熟度、生态系统相似性对创业绩效的影响

	Dependent variable: $Sales_{t+1}$					
	Model 1	Model 2	Model 3	Model 4	Model 5	Model 6
Independent variables						
TC		0.06***	0.06***	0.05***	0.04***	0.04***
Moderators						
Maturity			3.32**	−0.62		−0.49
Similarity			1.18		−2.55	−2.05
Interactions						
TC×Maturity				0.11***		0.09***
TC×Similarity					0.08***	0.06**
Controls						
Firm Age	0.37	0.41	0.35	0.38	0.49*	0.45*
Firm Size	4.27***	3.17***	3.29***	3.14***	3.42***	3.34***
Industry	−0.55	0.15	0.71	0.70	−0.35	0.24
Ipo	15.82***	11.00***	10.40***	10.22***	8.87***	8.69***
R&D	0.43	0.19	0.22	0.24	0.24	0.27
_cons	−34.27	−27.56	−38.96	−25.35	−27.77	−25.88
Year dummies	Included	Included	Included	Included	Included	Included
Wald Chi2	159.47	180.10	184.80	200.39	191.37	206.71
Prob > Chi2	0.0000	0.0000	0.0000	0.0000	0.0000	0.0000
Within R^2	0.0850	0.1685	0.1660	0.1815	0.1883	0.1926
Number of observations	825	825	825	825	825	825
Number of groups	225	225	225	225	225	225

注：*** 表示 $p < 0.01$，** 表示 $p < 0.05$，* 表示 $p < 0.1$。

为了更直观地解释调节效应，我们根据 Aiken 和 West（1991）的方法，对自变量和调节变量分别取低于均值一个标准差和大于均值一个标准差为高水平组和

低水平组进行回归，根据回归系数绘制调节效应图像。图5.4表明，在生态系统成熟度水平较低的情况下，技术能力对企业销售收入的影响斜率较小；在生态系统成熟度水平较高的情况下，技术能力对企业销售收入的影响斜率显著变大，促进作用明显提升，与H5-2的预测一致。

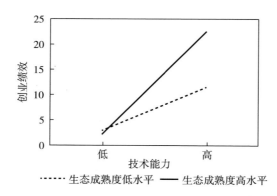

图5.4　生态系统成熟度对企业技术能力与创业绩效关系的调节作用

同样地，如图5.5所示，当生态系统相似性水平较低时，技术能力对创业绩效影响的斜率较低；当生态系统相似性处在高水平时，技术能力对创业绩效的促进作用显著提升，再次验证了假设5-3。

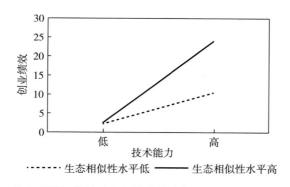

图5.5　生态系统相似性对企业技术能力与创业绩效关系的调节作用

5.4.4　稳健性检验

为了验证回归模型的稳健性，我们采用衍生企业次年度的利润总额（$Profit_{t+1}$）

作为对企业财务绩效的衡量，如表 5.5 所示，除了全模型中生态成熟度与技术能力的交互项不显著，其他结论均与使用销售收入作为因变量的结论完全一致，原因可能在于企业技术人员投入也会为其带来一定的成本，对企业的利润总额也会产生影响。基本验证了本章的假设，模型具有较好的稳健性。由于我们采用了次年的销售收入和利润总额作为因变量，较好地减少了内生性问题带来的影响，从而增强了本章结论的可信度。

表 5.5　稳健性检验：次年利润总额作为因变量

	Dependent variable: $Profit_{t+1}$					
	模型 7	模型 8	模型 9	模型 10	模型 11	模型 12
Independent variables						
TC		0.004***	0.004***	0.004***	0.001	0.001
Moderators						
Maturity			0.66***	0.58**		0.61**
Similarity			0.18		−0.32	−0.27
Interactions						
TC × Maturity				0.002*		−0.004
TC × Similarity					0.01***	0.01***
Controls						
Firm_Age	0.07**	0.08**	0.06*	0.06*	0.08***	0.06**
Firm_Size	0.31***	0.22***	0.24***	0.24***	0.25***	0.26***
Industry	−0.01	0.04	0.16	0.14	−0.03	0.07
Ipo	1.51***	1.23***	1.15**	1.18**	0.99*	0.935**
R&D	0.02	0.02	0.02	0.02	0.03	0.03
_cons	−2.78***	−2.31***	−4.42***	−4.16	−2.25***	−4.13***
Year dummies	Included	Included	Included	Included	Included	Included
Wald Chi2	57.57	67.54	77.50	77.30	82.72	91.11
Prob > Chi2	0.0000	0.0000	0.0000	0.0000	0.0000	0.0000

续表

	Dependent variable: $Profit_{t+1}$					
	模型 7	模型 8	模型 9	模型 10	模型 11	模型 12
Within R^2	0.1565	0.1909	0.2250	0.2240	0.2240	0.2512
Number of observations	825	825	825	825	825	825
Number of groups	225	225	225	225	225	225

注：*** 表示 p ＜ 0.01，** 表示 p ＜ 0.05，* 表示 p ＜ 0.1。

5.5 本章小结

本章基于吸收能力理论和创新生态系统两个理论视角，探究了衍生企业技术能力与创业绩效的关系，以及创新生态战略的影响机制。笔者对 2008—2017 年中国科学院及其研究院所的 225 家衍生企业进行了实证研究，结果发现，技术衍生企业的技术能力对企业创业绩效有显著的促进作用，这一研究结论与以往的多数研究结论一致（Aw and Batra，1998；Tsai，2004；杜勇等，2014）。同时，本章发现企业嵌入创新生态战略对技术能力和创业绩效之间的关系起到了显著的调节作用。企业选择嵌入成熟度越高的创新生态系统，衍生企业技术能力对创业绩效的促进作用就越明显。另外，衍生企业选择嵌入技术相似性高的创新生态系统，技术能力对创业绩效的提升作用也能得到促进。实证结果支持了本章提出的三个假设，也证实了创新生态战略对学术衍生企业的重要性。

第6章 营造生态战略对衍生企业绩效的影响

6.1 引言

2024 年《政府工作报告》提出，扩大国际科技交流合作，营造具有全球竞争力的开放创新生态。在此背景下，生态系统的概念受到越来越多学者和产业实践者的关注，从生态系统视角来看，创业企业的发展成为一种新的思路。组织是开放的系统，组织的成败取决于其如何管理与外部环境之间的相互依赖性（Astley and Fombrum，1983）。生态系统相关概念通常关注的是网络的角色，以及它们为在快速变化的竞争环境中生存的企业提供资源和信息的能力（Iansiti and Levien，2003；Adner and kapoor，2010）。生态系统内的核心企业与其他主体有正式的联结，存在相互依赖，目的是实现共同的价值主张（Shipilov and Gawer，2020）。

创业生态系统主要认为那些具有物质、社交及文化特征的地理区域会对在这个区域内创建的企业的发展有促进或者阻碍作用（Spigel，2017）。也有学者认为，创业生态系统的特征是制度、组织及其他系统因素交织在一起共同影响创业机会的识别和商业化（Audretsch and Belitski，2017）。已有创业生态系统的研究认为，该概念的共性在于强调互动逻辑和资源逻辑，前者指的是在生态系统中的结构以及不同结构要素之间的相互作用会引起创业活动，后者关注的是新创企业有效的资源分配最终会产生区域创业生态系统（Cao and Shi，2020）。大学／高校衍生创业企业是创业企业群体中非常重要的一种类型。同样地，在学术创业的环境下，Hayter 等（2018）也提出学术创业生态系统的效率取决于系统内组成部分的联结性以及这些元素为企业成功所提供的信息和资源的整体能力。在创业生态系统研究中，有学者提出，系统中主体之间的关系值得进行更深的探究。

对于中国科学院的衍生创业企业来说，它们大多数具备技术，但这些衍生企业创立之初缺乏成熟的技术生态，除了有条件地嵌入相应的生态系统，也需要自己主动构建适合自身技术发展的生态系统。衍生企业并不是在真空中运行的，外部和内部的条件都会对衍生企业的组织结构产生正面或负面的影响，环境特征对于企业的存活而言非常重要，因为企业创始人或刚起步的创业者在创业时相当于嵌入了跨越时间和距离的广泛的社会结构（Aldrich，1979）。对创业企业生存和发展的研究需要从更加综合的视角来展开。

因此，本章试图结合环境特征和衍生企业自身因素，从内外两个因素对衍生企业的发展和战略决策影响因素进行研究。企业内部知识条件可以影响企业的学习效率和吸收能力，而企业所在的区域环境可以为企业进行创新提供基本要素和所需的关键资源。衍生企业在发展过程中对其他企业进行投资，反映了衍生企业所在生态的变化情况。因此，本章试图解决的问题是，衍生企业的营造生态战略决策对企业创业绩效有何种影响？企业内部因素和所在外部环境因素对这种关系有什么作用？本章将继续采用中国科学院及其科研院所衍生企业的数据进行实证分析。考虑到生态系统和环境因素对创业企业的影响可能并不是可以直接观察到的，因此我们需要通过纵向研究来探讨生态系统对其区域内企业的影响（Vedula and Kim，2019）。

6.2　文献综述与理论假设

6.2.1　营造生态战略对企业绩效的影响

衍生企业在初期发展阶段需要获得关键的资源，从而克服新进入者劣势。因此，创业企业的经营过程中需要从各方获得多样化的资源从而保持自己的生存和发展，这些资源和资助可以来自政府机构的支持，也可以来自风险投资（Islam et al.，2018）。同时，随着创业企业经营时间的增长，也会相应地积累一定的财富。创业企业在后续的经营中可以选择是否进一步对其他企业进行投资，和相关的生态系统参与者实现联结，主动营造和布局围绕自己的生态环境。通过营造生态系统，与其他企业建立正式的投资与合作关系，从而产生相互依赖性，生态系统中的企业之间会更有意愿分享资源、信息和知识，从而实现互惠互利（Samila and Sorenson，2017；Vedula and Kim，2019）。此外，创业机会的存在通常是由于不同的主体掌握了不同的信息。如果存在信息不对称或者不完整的情况，那么有可能造成企业在进行市场判断和资源分配时犯错误（Shane，2000）。通过建立正式联结，市场回馈的信息和问题可以第一时间传递给衍生企业，给衍生企业带来最真实的市场信息反馈。学术创业者可以从产业伙伴处学习，从而产生有潜力商业化的新想法，为企业带来更多的创业机会，产生符合市场需求的创新（Siegel et al.，2003；Baba et al.，2009），弥补其不善于识别和把握市场机会的缺陷。

同时，隐性技术知识和管理技能通常是由专业技术人员和团队携带的（Bresnahan，2001），通过建立正式投资关系的战略使企业中的个体可以进行面对面的交互，促进不同企业之间管理人员和技术人员的快速交流和学习，实现生态系统中成员的集体学习（Bresnahan，2001），从而减少学习和交流成本，提高研发团队的研发效率和经营效果。不同于和其他的高等教育机构、研究机构或政府主体的联系，与产业界低水平的关联度可能会阻碍学术创业。因为通过与产业界的关联有助于企业拓宽基础知识面，提升商业能力，从而提高学者的创业能力（Guerrero and Urbano，2012），同时可以借此以较低的成本获得需要的资源，并且与产业界建立更直接的联系。投资方如果与被投资方的行业关联性较高，那么就可以为创业企业提供先进性技术、互补性资源及先进的管理经验等增值服务（谢雅萍等，2018）。这一方面是资源协同的过程，另一方面也起到了向外界释放信号的作用。同时，营造生态的主体参与越多，生态越丰富，衍生企业与其他主体之间建立的网络关系就越复杂、越难被模仿，这也成为衍生企业的关键资源，可以帮助企业获得更强的竞争优势。因此，提出以下研究假设：

H6-1：衍生企业营造生态战略对企业的创业绩效具有显著影响，具体地，营造生态丰富度越高，衍生企业的创业绩效越高。

6.2.2　内部知识存储的调节作用

随着环境动态性和市场竞争的不断增强，知识成为企业参与竞争过程的重要资源，作为企业的一种战略资产，可以帮助企业增强竞争力。知识基础指的是企业在一段时间里积累的知识元素数量（Dierickx and Cool，1989）。企业的知识通常是内嵌在组织惯例、技术、员工和其他资源中的（Grant，1996），企业的知识存量反映了员工的教育水平和过往经验总和，带来了吸收能力的提升。已有研究发现，企业内存储的知识基础有助于企业对新知识的获取（Lin et al.，2006）。根据组织学习理论，学习通常依赖先前的知识，因为已有知识决定了企业对新信息和知识的使用（Cohen and Levinthal，1990），也会影响企业对新知识类型的追求以及企业的学习和探索路径。衍生企业内部积累的知识存量不足，则会阻碍企业对外部知识的吸收（Cohen and Levinthal，1990），而丰富的知识存储代表了企业的技术能力和吸收能力，有助于企业更好地从生态合作伙伴身上进行学习。

知识基础理论认为，企业拥有不易交易且难以复制的资源是企业获得可持续竞争优势的关键，而企业拥有的无形资产（如知识产权）会有助于其经营持续更长的时间，尤其是对于高技术领域中的企业来说（Nerkar and Shane，2003），一般会把资源集中投入自己熟悉且有足够的知识存量的技术领域（Ahuja and Katila，2001）。不同的主体掌握的知识储备是不同的，在创业机会识别方面，一些人总是能发现创业机会是因为他们已经掌握了与创业机会相关的信息（Venkataraman，1997）。对于创业企业来说，创业者已经掌握的信息有助于其发现创业机会（Shane，2000），同样地，衍生企业研发人员现在拥有的知识有助于其发现更多的创新和商业化机会。通过构建生态系统，衍生企业可以有更多的机会与其他主体进行互动，从而进行组织间的学习。但是我们也知道，技术知识的转移通常是非常困难的，因为需要双方对技术知识背后的细节有共同的理解。因此，组织学习的效果非常依赖于企业现有的知识存储和吸收能力（Powell et al.，1996）。与此同时，企业已有的创新产出也可以给外界释放信号，表现了衍生企业的地位、声望及技术创新能力（Li et al.，2013；Hsu and Ziedonis，2013），从而对外界生态伙伴产生更大的吸引力和议价能力。据此，我们提出以下假设：

H6-2：衍生企业知识存储对营造生态战略和创业绩效的关系起正向调节作用，知识存储水平越高，企业营造生态丰富程度对创业绩效的影响越大。

6.2.3　区域创新能力的调节作用

根据已有文献回顾，环境是学术创业研究的重点方向之一。环境包括了企业创业过程中需要面临以及能够利用的多重要素的组合，如政策、商业环境、文化和资金条件等（李华晶，2009）。创业型大学与其所嵌入区域环境的关系密不可分，因此不能仅是关注个体特征，环境对学术创业的影响不能被忽视（Urban and Chantson，2019）。通过国内外的实践我们也发现，大学驱动的创业活动也通常在一些特定的地区才能取得成功，例如，英国的剑桥郡、美国硅谷以及中国的中关村等。因此我们认为影响衍生企业发展的因素除了考虑企业自身以外也需要考虑所在区域的创业环境因素。

学者探究了区域对学术创业的影响，在高技术区域内，尤其是已经有很多衍生企业建立的区域，通常可以为学术创业提供有价值的资源和网络（Friedman and Silberman，2003），如获得风险投资以及与相关产业界的联系（Powers and McDougall，2005b）。区域环境会影响高校创业策略及高校管理其技术转移办公室的方式（Brescia et al.，2016）。富有创业精神的区域可能会影响学术创业者绕开TTO 而是选择自己申请专利或者在区域内企业的协助下申请专利。当地的创业服务和基础设施，比如，科技园、孵化器和服务商等对早期成立的衍生企业非常有帮助（Link and Scott，2005；Powers and McDougall，2005b；O'Shea et al.，2008）。母体大学的专利授权数量和大学衍生企业的创立有显著的正相关性，大学衍生企业的数量也呈现出了明显的空间集群现象，2007 年北京、上海和江苏三地的衍生企业数量占全国衍生企业总数的 34%（易高峰等，2010）。此外，经济发展水平高的地区及当地研究型大学数量多的地区，衍生企业的发展水平更高，因为企业可以更便捷地利用丰富的人才资源和商业机遇（杨德林等，2007）。根据资源依赖理论，区域内风险投资的可得性对衍生企业的成功非常重要（Powers and McDougall，2005b）。衍生企业所在地区的政策环境、融资环境、经营环境及相关基础设施等对衍生创业企业的发展有重要的作用，宽松适宜的创业环境、支持性的政府政策和多元的融资渠道可以帮助企业更好地应对艰险的生存环境、获得资金支持进而持续经营（夏清华等，2010）。

许多新创企业都属于知识密集型行业，能够获得新的技术知识和强大的创新基础是创业企业成功不可缺少的因素（Matusik and Fitza，2012）。区域积累的技术知识的增长，代表了其创新能力，局部区域积累的知识可以为创业企业就近提供可用的创新基础，提供更多的新想法和知识组合机会（Agarwal et al.，2007）。除了与衍生企业有直接关联的合作主体外，企业所在区域的创新能力也是重要的影响因素。区域创新水平越高，说明当地的知识产权保护力度以及对创新的支持力度越高，衍生企业可以搜索到和利用的科技信息和知识也就越丰富。衍生企业构建生态系统可以从生态合作伙伴中获得直接的信息和资源，而区域环境为企业提供了间接性资源和信息，二者结合起来可以更好地促进衍生企业的发展。据此，提出以下研究假设：

H6-3：衍生企业所在区域创新能力对营造生态战略和创业绩效的关系起正向调节作用，区域创新水平越高，企业营造生态丰富程度对创业绩效的影响越大。

本章的研究框架如图 6.1 所示。

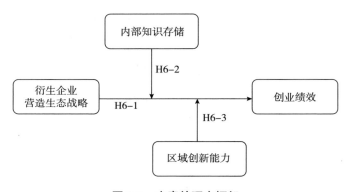

图 6.1　本章的研究框架

6.3　研究方法与数据来源

6.3.1　数据来源及数据清洗

本章利用 2008—2017 年对中国科学院总院及其研究院所的衍生企业数据，选择成立时间在 10 年以下的非上市衍生创业企业为样本，所在行业限定为制造业，经过数据筛选和清洗，删减掉存在缺失值和明显异常值的数据，最后得到603 个企业—年份面板观测值，主要采用了非平衡面板数据进行实证检验。由于上市企业和非上市企业的经营环境和制度管控方式不同，因此仅限定非上市企业样本。笔者利用天眼查网站对所有衍生企业的对外投资行为进行了收集和整理。

6.3.2　变量衡量与模型选取

（1）控制变量。本章控制了一些可能影响衍生企业创业绩效的企业层面的潜在因素，衍生企业的创业绩效与其本身的一些属性相关，比如，企业年龄（*Firm Age*）、规模（*Firm Size*）、企业研发投入（*R&D*）、企业性质（*Hightech*）。企业年龄以企业注册年份到调查年度的时间差来衡量，企业规模以企业的总资产（千元）的自然对数值来衡量，规模太小被认为可能会带来一定的劣势，从而导致企业经营失败（Aldrich，1979）。企业研发投入以企业当年的研发投入金额的自然对数值来衡量，企业性质根据天眼查数据库反映的是否为高新技术企业来衡量，其是二元变量。

（2）自变量。营造生态丰富度（*Ecosystem building*）：本章用衍生企业截至当年的累积对外股权投资笔数来衡量，属于非负整数，企业对其他企业进行投资，代表与外界主动建立合作关系以营造自己的生态系统，借此获取相应的资源和技术，对外投资企业的经营绩效也与衍生企业息息相关。

（3）因变量。创业绩效（*Performance*）：已有研究通过生存率、新产品数量或者成长绩效来衡量创业绩效。本章参考前人的研究（Ensley et al.，2002），采用创业企业滞后一年年度销售收入来表示企业的成长绩效，未采用以企业专利数为创新绩效的因变量，主要是因为创业企业专利数量本身少，其次调节变量都是专利相关指标，可能出现多重共线性问题。

（4）调节变量。知识存储（*Knowledge stock*）：衡量某个企业的物理资本存储非常难，衡量一个企业的知识存储更加复杂，可以采用研发人力资源数量来衡量。已有的研究提出对于企业的知识存储衡量可以采用现有的一些技术指标，例如，企业的年度专利数量（Lin et al.，2006）。知识存储反映了一个企业拥有的知识总数，因此，使用核心企业从初始创立年份到当前年份所拥有的累积专利数量作为代理变量十分合理，这也反映了企业的专利存量（Park G and Park Y，2006；Sun and Hou，2017）。但是也有研究提出，企业的技术知识会随着时间的推移逐渐贬值或者过时，其价值会在差不多 5 年内消失，因此对于技术知识存储的有效性采用 5 年的时间窗口比较合理（Argote，1999）。在本章中，采用截至考察年度之前 5 年的授权专利总数的自然对数值作为对知识存储的衡量。

区域创新能力（*Regional innovation capacity*）：已有研究往往采用数据较容

易获得的区域专利申请数量或者授权数量来衡量区域创新能力的大小。参考已有研究，本章以衍生企业所在区域（城市）当年授权的发明专利数量来衡量（Zeng et al.，2019；肖振红和范君荻，2019）。授权的专利数量一方面反映了区域整体创新能力和氛围，另一方面对于企业来说是就近利用的技术资源和潜在的创业机会。知识产权保护意识强，当地的政策环境整体向好，代表了强大的区位优势和可利用的知识资源。

表 6.1 展示了本章变量的定义与符号。

表 6.1　研究变量的定义与符号

变量分类	变量名称	变量符号	定义和测度
因变量	创业绩效	*Performance*	衍生企业第 $t+1$ 年的销售收入（千元）
自变量	营造生态战略	*Ecosystem building*（*EB*）	衍生企业截至考察年份累计对外投资笔数（笔）
调节变量	知识基础	*Knowledge stock*（*KS*）	衍生企业截至考察年份累计获得的授权专利数量（个）
	区域创新能力	*Regional innovation capacity*（*RIC*）	衍生企业所在城市第 t 年的发明专利授权数量（个）
控制变量	企业年龄	*Firm Age*	截至第 t 年年底，创业企业成立的年数
	企业规模	*Firm Size*	衍生企业第 t 年拥有总资产数的对数值
	研发投入	*R&D*	衍生企业第 t 年研发投入金额的对数值
	企业性质	*Hightech*	创业企业是否属于高新技术企业（虚拟变量，是 = "1"，否 = "0"）
	年份	*Year*	观察年份（虚拟变量）

由于有些企业填报数据存在缺失现象，创业企业成立年份不统一，所以本章的数据样本为 2008—2017 年的非平衡面板数据，需要进行非平衡面板回归。在正式估计之前，需要进行一系列检验再选择合适的模型进行回归。因变量为衍生企业的销售收入属于连续变量，为了减少变量损失，提高模型估计的准确性，本章仍然采用面板 GLS 随机效应回归模型。

6.4　模型分析结果

6.4.1　主要变量的描述性统计分析

笔者采用 Stata 12.0 对本章主要变量进行描述性统计分析，包括最小值、最大值、平均值和标准差。本章的分析观测值为 157 家企业的非平衡面板数据共计603 个企业—年度样本。表 6.2 对主要变量的描述性统计结果进行了展示，样本的平均企业年龄为 5.59 年，54% 的企业为高技术企业。从生态营造的测量指标来看，衍生企业最大的累计对外投资次数达到 17 次，知识存储指标为 0 到 307，衍生企业所在创新区域的创新水平也存在较大差距。

表 6.2　平均值、标准差及变量间的相关性系数（N=603）

变量	Mean	S.D.	1	2	3	4	5	6	7	8
Firm Age	5.59	2.72	1							
Firm Size	8.07	1.67	0.16^{***}	1						
R&D	0.13	0.28	0.10	0.45^{***}	1					
Hightech	0.54	0.50	0.01	0.37^{***}	0.18^{***}	1				
EB	0.73	1.59	0.13^{***}	0.38^{***}	0.00	0.10	1			
KS	7.07	24.12	0.05	0.34^{***}	0.16^{***}	0.20^{***}	0.30^{***}	1		
RIC	32.22	34.65	−0.08	−0.01	0.04	0.02	0.00	0.05	1	
Performance	2.99	10.16	0.21^{***}	0.46^{***}	0.09	0.21^{***}	0.44^{***}	0.24^{***}	0.19^{***}	1

注：*** 表示 $p < 0.01$。

可以发现，变量之间的相关系数都小于 0.5，初步认为不存在明显的多重共线性问题，后续将进行更严谨的 VIF 检验。根据表 6.2 可以发现，企业年龄和企业规模与企业绩效存在显著的正相关关系，相关系数分别为 0.21（$p < 0.01$）和0.46（$p < 0.01$），衍生企业营造生态战略与企业销售收入存在显著的正相关关系，相关系数 0.44（$p < 0.01$），内部知识存储与区域创新能力及企业销售收入也均存在显著的正相关关系，相关系数分别为 0.24（$p < 0.01$）和 0.19（$p < 0.01$）。

6.4.2　回归结果分析

本章研究的数据样本为从中国科学院衍生企业 2008—2017 年连续 10 年调研数据中抽取的非上市制造业企业的数据。由于企业成立时间不同并存在缺失值的情况，数据样本最后为非平衡面板数据。因为本章考察的是衍生创业企业，所以将企业成立时间控制在 10 年以下。为了验证本章提出的调节作用的假设，笔者参照 Aiken 等（1991）的方法，采取分层回归模型。第一步为只加入了控制变量的基础模型；第二步加入自变量对因变量进行回归；第三步为了减少可能的多重共线性问题，对于调节变量和自变量做了去中心化处理生成交互项后代入回归方程。

表 6.3 展示了衍生企业营造生态战略对衍生企业绩效的影响，以及企业内部知识存储和企业所在区域创新水平对上述关系的调节作用。其中，模型 1 为只加入了控制变量的模型，模型 2 为主效应模型，模型 4 和模型 5 分别为加入了调节变量和交互项的调节效应模型，模型 6 为同时加入了两个调节变量及交互项的全模型。其中，模型 1 的结果显示，控制变量企业年龄和企业规模对企业创业绩效的影响都为正，回归系数分别为 0.52（$p < 0.01$）和 2.29（$p < 0.01$），企业是否为高技术企业对其绩效无显著的影响。

H6-1 预测了衍生企业营造生态战略与创业绩效的关系，根据模型 2 的回归结果，我们发现在控制了其他变量的条件下，衍生企业营造生态战略丰富度对创业绩效有显著的正向影响（$\beta=1.27$，$p < 0.01$），验证了本章提出的 H6-1。

H6-2 和 H6-3 分别预测了衍生企业内部知识存储和衍生企业所在区域创新水平对营造生态战略和创业绩效关系的调节作用。模型 4 的回归结果显示，模型整体显著，组内 R^2 达到 0.1456，比模型 1 和模型 2 都有提升，营造生态战略与企业内知识存储的交互项的系数为正（$\beta=0.03$，$p < 0.01$），表明衍生企业内部知识存储具有正向调节作用，企业的知识积累越多，营造生态战略对创业绩效的促进作用越明显，验证了 H6-2。同样地，模型 5 验证了企业所在区域创新水平的调节作用，模型 R^2 达到了 0.6116，模型整体检验显著。营造生态战略与区域创新水平的交互项的系数为正（$\beta=0.08$，$p < 0.01$），表明衍生企业所在区域的创新水平具有正向调节作用，地区的创新能力越高，营造生态战略对创业绩效的促进作用越明显，H6-3 也得到验证。模型 6 为全模型，同时放入生态成熟度、生态相似性以及交互项后，交互项系数仍然显著，且 R^2 此时达到 0.6117。通过方差膨胀因子检验变量之间是否存在严重的多重共线性问题，结果发现，所有的变量 VIF 值均

小于 5，可以认为模型采用的变量之间不存在严重的多重共线性问题。

表 6.3　知识基础、区域创新能力对衍生企业营造生态战略与绩效关系的回归结果

	Dependent variable: $Sales_{t+1}$					
	model 1	model 2	model 3	model 4	model 5	model 6
Independent variables						
Ecosystem building		1.27***	1.19***	1.04***	1.77***	1.71***
Moderators						
Knowledge stock			0.03*	−0.05*		−0.02
Regional innovation			0.06***		0.04***	0.04***
Interactions						
EB × KS				0.03***		0.01*
EB × RI					0.08***	0.08***
Controls						
Firm Age	0.52***	0.44***	0.36***	0.45***	0.25***	0.26***
Firm Size	2.29***	1.82***	1.75***	1.81***	1.47***	1.50***
Hightech	0.85	0.98	0.78	1.05	0.91	0.97
R&D investment	−0.36	0.03	−0.44	0.25	0.65	0.78
_cons	−18.97***	−15.85***	−16.90***	−15.65***	−13.51***	−13.77***
Year dummies	Included	Included	Included	Included	Included	Included
Wald Chi2	114.70	144.53	191.78	183.66	1047.71	1058.41
Prob > Chi2	0.0000	0.0000	0.0000	0.0000	0.0000	0.0000
Within R^2	0.1164	0.1284	0.2065	0.1456	0.6116	0.6117
Number of observations	603	603	603	603	603	603
Number of groups	157	157	157	157	157	157

注：*** 表示 p < 0.01，** 表示 p < 0.05，* 表示 p < 0.1。

为了更直观地解释本章的调节效应，我们根据 Aiken 和 West（1991）等的方法，对自变量和调节变量分别取低于均值一个标准差和大于均值一个标准差为高

水平组和低水平组进行回归，根据自变量对因变量的回归系数绘制出了调节效应图。图 6.2 表明，在知识存储水平低的情况下，营造生态战略对营业收入的正向影响斜率较小，在知识存储水平高的情况下，营造生态战略对企业次年度营业收入的影响斜率显著变大，促进作用明显提升，与 H6-2 预测的正向调节作用一致。

同样地，图 6.3 表明，在区域创新能力水平低的情况下，营造生态战略对营业收入的正向影响斜率较小，在衍生企业所在区域创新能力水平高的情况下，营造生态战略对企业次年度营业收入的影响斜率显著变大，促进作用明显提升，与 H6-3 的预测一致。

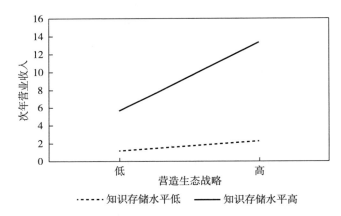

图 6.2　内部知识基础对营造生态战略与创业绩效关系的调节作用

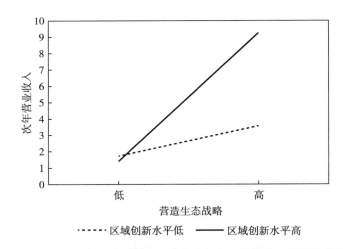

图 6.3　区域创新能力对营造生态战略与创业绩效关系的调节作用

6.4.3　稳健性检验

已有研究采用缩减样本、更换研究变量等方法对模型进行稳健性检验，为了验证模型的稳健性，对本章模型的因变量进行了替换，采用衍生企业年度的利润总额作为对企业成长绩效的衡量，回归结果与采用销售收入作为因变量完全一致，再次验证了本章提出的三个假设，说明模型具有较好的稳健性。此外，存在企业经营绩效比较好从而使衍生企业有多余的资金进行对外投资行为的可能性，为了减少反向因果产生的内生性影响，本章因变量采用了滞后一年的数据。

6.5　本章小结

基于知识基础理论和创业生态系统两个理论视角，本章使用中国科学院及其研究院所 2008—2017 年连续 10 年收集的 157 家衍生创业企业的面板数据探究了以下问题：①衍生企业营造生态战略与创业绩效的关系如何？②衍生企业层面的内部因素和外部环境因素如何与营造生态战略来共同影响创业绩效？实证结果发现，衍生企业营造生态战略对衍生企业的创业绩效有显著的促进作用，衍生企业的内部知识基础对营造生态战略和创业绩效之间的关系起到显著的正向调节作用，企业过去 5 年的知识存量越多，营造生态丰富程度对衍生企业创业绩效的促进作用越强；同样地，衍生企业所在区域的创新能力对营造生态战略和创业绩效之间的关系也有正向调节作用。回归分析实证结果支持了本章提出的三个假设，也证实了构造生态战略以及创业生态系统对衍生企业的重要性。

第7章 总结与展望

本书实证研究了衍生企业创新行为和创新产出的影响因素，以及衍生企业创新生态战略的影响机制。本章对全书进行了归纳总结，包括研究的主要结论、理论贡献及创新之处、研究局限和未来研究展望，并根据结论为衍生企业和政府相关部门提供了启示建议。

7.1　主要结论

在知识经济时代，高校与研究院所的学术创业与区域经济发展关系密切，学术创业被认为是通往知识经济的重要促进元素（Rothaermel et al., 2007）。衍生企业作为学术创业的重要形式之一，获得了学术界和企业界的广泛关注，已有研究也从个体层面、高校层面和系统层面对影响衍生企业生存和发展的因素进行了探究。衍生企业母体机构特征、衍生企业创新战略与创业绩效三者的互动关系是本书关注的重点问题。本书以国科控股 2008—2017 年连续 10 年收集的中国科学院总院及其研究院所的 577 家衍生企业数据，结合天眼查数据库、国家知识产权局专利数据库、科学技术部火炬技术产业开发中心官网发布的相关数据构建研究样本，采用 Stata 软件和 CiteSpace 软件，通过文献计量分析、均值 T 检验、GLS 面板回归分析、面板负二项回归等实证方法，回答了"目前国内外学术创业领域的研究进展和趋势热点是什么？衍生企业母体机构特征对衍生企业的创新行为和创新绩效有何影响？衍生企业技术能力对创业绩效有何影响？衍生企业嵌入生态战略和营造生态战略对其创业绩效有何影响？这些影响受到哪些因素的促进和抑制？"五个核心研究问题。本书得到的主要研究结论如下：

第一，学术创业作为促进创新和区域经济发展的重要机制，受到了越来越多的关注和研究。通过系统性收集近 30 年来国内外学术创业相关主题的论文发表数据，笔者采用文献计量分析方法对 1172 篇外文文献和 484 篇中文文献进行了分析，揭示了相关研究的国别分布、研究机构分布、关键作者群体和研究关键词的演化规律，对影响学术创业的前因变量和结果变量进行了探究。国外学术创业研究经过 30 年的发展形成了以 Mike Wright 等欧洲学者为中心的研究团队，研究发表数量稳步上升，研究团队合作紧密。而国内学术创业相关研究尚未形成稳定的研究团队，研究人员较为分散且缺乏持续性，与国外相关研究存在一定差距。从研究内容来看，国内学术创业研究多以创业型大学的创业教育和少量案例研究为主，针对衍生企业的定量研究非常少。同时，目前学术创业相关研究大部分以发达国家的高校和企业为研究对象，缺少对新兴经济体的探究，该方面存在一定的研究缺口，为我国学者利用本土优势案例资源和素材进行相关研究提供了良好的机遇。

与此同时，研究主题和文献计量给出了该领域的研究前沿和趋势热点，未来研究需要关注创业型大学对我国经济社会发展有何影响，以及如何建设促进创业型大学持续稳定发展的制度环境，高校的政策制定和管理模式如何激励学者的创新、如何影响学者开展学术创业的方式。高校在整个学术创业生态系统中扮演着何种角色并如何作出贡献需要更深的研究。从企业视角出发，关注衍生企业在不同阶段如何培养竞争力；从过程视角出发，关注企业发展阶段如何利用各种资源发挥出最大效用；从心理学视角出发，探究学者的心理特征如何塑造其学术创业的动机等问题，都需要更深入的定性与定量研究。最后，相关研究的已有结论和政策建议在新兴经济体中的适用性需要进一步得到验证。

第二，从衍生企业创新行为和创新产出的影响因素出发，衍生企业的股东特征对衍生企业的创新行为和产出有重要影响。具体表现在股东多样性对衍生企业的经营绩效和创新绩效均有显著的正向促进作用，股东多样性对企业的研发投入也有显著的正向影响，且研发投入在股东多样性与创新/经营绩效的关系之间起部分中介作用。同时，衍生企业母体机构的研究导向对企业绩效也有显著影响，应用研究导向的母体机构的衍生企业的经营绩效和创新绩效水平都更高。

第三，从创新战略视角出发，本书发现中国科学院总院及其研究院所的衍生企业的自身技术能力对企业的创业绩效有显著的促进作用，企业嵌入生态战略对技术能力和创业绩效之间的关系起到了显著的正向调节作用。具体而言，如果企业选择嵌入生态成熟度高的区域，那么衍生企业技术能力对创业绩效的促进作用更加明显。另外，衍生企业选择嵌入产业生态相似性高的区域，其技术能力对创业绩效的提升作用也得到了促进。

第四，从生态视角出发，中国科学院总院及其研究院所的衍生企业也可以通过主动营造生态系统进而提升创业绩效，同时，衍生企业内部的知识存储正向促进了营造生态战略与创业绩效的关系，衍生企业所在区域的创新能力也对营造生态战略和衍生企业创业绩效起到了正向调节作用。

7.2 理论贡献及创新之处

本书对学术创业和衍生企业发展的相关文献和研究进行了补充和扩展，为衍生企业母体机构提高衍生成功率提供了理论依据，并且为衍生企业制定发展战略，开展技术创新活动，进而提升竞争力和创业绩效提供了理论指导。

第一，本书首次对近30年来国内外学术创业领域的相关文献进行了系统性的梳理和计量分析，对学术创业相关理论研究和实证研究进行了汇总，对该领域目前的研究团队、研究主题、成果分布、前沿热点等进行了分析，从而对现有文献的相关成果进行了补充（Grimaldi et al.，2011；Skute，2019），有助于我国学者掌握学术创业最新的国内外研究动态和热点，以更好地针对我国本土情境开展深入和系统的研究，缩小与国外研究的差距。

第二，本书从知识基础观和创新生态视角出发，分析探讨了企业的知识基础、吸收能力及创新生态战略对衍生企业的重要性，并且验证了创新生态战略对衍生企业的技术能力和创业绩效关系的调节作用。创新生态战略可以是企业选择嵌入已有的成熟生态系统，也可以是企业主动营造或重构围绕自身的生态。本书将关注点放在衍生创业企业上，认为衍生企业选择嵌入适合自己的生态系统是一种战略选择，但是前提是衍生企业需要具备一定的技术能力，才能够更好地吸收生态系统中的知识和各类资源，促进本企业的成长，否则也可能会"消化不良"，反而丧失已有的技术优势。本书首次对企业嵌入生态战略的方式进行了区分，提出了可以嵌入成熟的生态和相似的生态来为创业发展提供支持，是对现有生态系统战略相关文献的补充。

第三，构建生态系统战略往往是有实力的在位企业为了获得竞争优势，实现技术创新和应对技术变革的一种手段。已有研究大多关注成熟在位企业如何与互补者进行合作从而加强其竞争优势（Gao et al.，2019），核心企业需要拥有组织和管理整个生态系统的能力（Autio and Thomas，2014）。然而对于创业企业来说，即便不具有营造或重构生态系统的能力，无法控制整个生态系统，也可以通过与其他企业合作，逐渐构建技术联系，充分利用外部资源优势，弥补自身不足。

第四，本书从更为系统的角度出发，探究了衍生企业股东特征、衍生企业自身知识基础和技术能力及产业生态系统特点对衍生企业经营绩效的影响。将企业层面、母体机构层面和环境层面的影响因素综合纳入一个系统研究框架中，扩展了在中国情境下的学术创业相关实证研究，为我国衍生企业如何提升竞争力和经营绩效提供了实证结论支撑，为高校和科研院所更好地促进衍生企业发展提供了思路和建议。

7.3　研究启示

本书结论对衍生企业管理者、高校及政府相关部门都有重要的管理启示。

第一，本书为衍生企业在创生和成长过程中如何利用内部技术能力和知识基础，并采取何种战略进而充分有效地利用外部资源提供了一定的启示。在企业创生阶段，鉴于企业缺乏相关资源和支持，衍生企业应当尽可能吸引更多的股东参与企业创立过程，为企业日后的发展提供更多的资金、知识和社会关系等资源，从而提升企业的技术研发保障能力。作为中介桥梁，衍生企业的母体机构应当为企业和产业间建立联系提供更便利的条件和宣传效应，让衍生企业度过最艰难的初创阶段。

第二，基于资源基础理论，企业自身的技术能力非常重要，特别是在吸收和利用外部知识，并将外部知识与内部资源进行组合开发出新的知识等方面

（Cohen and Levinthal，1990）。技术型企业需要重视自身的内部研发和已有的知识储备，投入技术资源，加强技术型人才的雇用，努力培育核心技术和业务，具备难以模仿的技术能力。与此同时，应更好地吸收来自企业外部的知识，分辨有价值的资源并为自己所用，从而使企业实现持续的发展，在激烈的市场竞争中获得竞争优势。技术投入是影响技术性衍生企业绩效的一项关键战略决策，企业管理者应当考虑企业所处的产业位置、自身拥有的资源禀赋和竞争力，并做出正确的选择，任用更多的高水平技术人员，提升企业的技术能力和吸收能力。

第三，衍生企业由于其特殊性，缺乏产业和市场的相关知识，不能很好地利用和识别其技术中蕴含的商业化机会（Franklin et al.，2001）。虽然对于衍生企业来说，与外部企业建立合作，获取新的知识需要一定的协调和维护成本，衍生企业可能缺乏相应的动力，但母体机构及衍生企业各方股东应当鼓励和支持技术型企业进行持续的研发投入，同时主动避免对母体机构的路径依赖，要在获取母体机构的资源和能力禀赋的同时主动从外界搜集与市场相关的知识，从而更好地参与市场竞争。

第四，学术创业是非常复杂的过程，需要从生态系统视角出发进行管理，需要关注衍生企业所处的生态环境中的优势和信息，衍生企业应当关注生态系统战略的有效性，大学尤其是中国科学院等非商业化机构的衍生企业在成立之初和后续发展过程中缺少相应的知识和能力，衍生企业应当在加强内部研发的同时主动选择嵌入合适的生态环境中以寻找上下游来互补技术和知识，充分从生态系统中发现相关人才资源、资金支持和商业化机遇。

第五，从政府的角度出发，从1988年起，建立高新技术产业开发区作为我国促进科技创新和组织间学习的一项重要举措，已经取得了显著的成效，也为高校衍生企业带来了明显的知识溢出效应。政府的基础设施建设和平台支持对高校衍生企业来说十分重要，衍生企业作为高校、科研院所和市场之间的桥梁，能有效解决我国现有的科学研究与市场脱节从而无法产生具有高商业价值的创新成果的问题（柳卸林等，2018）。高新技术产业开发区在相关企业准入和创建方面，应该考虑创业企业的技术实力是否雄厚，从而有助于将高新技术产业开发区的产业生态构建得更加完善和高效，最大限度地发挥其产业优势。与此同时，高新技术产业开发区也应当为企业提供支持，让企业成为真正的科技创新主体，为国家的创新驱动发展战略作贡献。

7.4　研究局限和未来研究展望

7.4.1　研究局限

本书研究虽然对现有学术创业研究做出了一些补充，但也存在一定的局限性。

第一，在研究内容上，虽然本书构建了一个比较系统的框架，探讨了衍生企业母体机构特征和企业创新战略对企业创新行为和创新绩效的影响机制，但研究内容较为单一。在研究变量设置上，对于母体机构特征只涉及了研究导向和股东多样性，对于母体机构的创新能力及公司治理变量没有进行探讨。并且，所选的生态系统嵌入和营造生态战略的代理变量为二分变量或计数型变量，并不能完全代表企业所嵌入或构建的生态系统的全部内涵，有待后续以调查问卷的形式对企业的上游供应商和下游客户进行更充分的调研，尽可能采取连续性变量进行测度，使研究结果更具可信度和普适性。

第二，在研究样本和数据收集上，虽然笔者花了大量时间对多个数据库进行了合并整理，为了提高研究结论的可靠性也进行了反复核对，但是由于一些研究院所衍生企业经营得并不成功，很多企业在创生四五年之后便注销或者倒闭了，因此这些企业并未纳入本书的考察样本中，而且上市衍生企业的数据并不多，本书研究对于大型衍生创业企业的适用性并不强。后期有待通过企业存活率等指标来研究和分析衍生企业经营成功和失败的因素，使研究更加系统和充分，为高校和研究院所衍生企业的创生和存活提供更充足的参考。

第三，本书所使用的数据来源于中国科学院总院及其研究院所，虽然中国科学院总院及其研究院所在科技成果转化和企业衍生方面有较为领先和成熟的经验，但它们这种"体制内"的环境与高校的衍生经验和条件存在差异，书中没有对非衍生企业、高校衍生企业的样本进行对比研究，因此研究结论对高校衍生企业的适用性有待讨论。未来可以考虑使用二手数据和市场调研进行更丰富的对比研究，为高校衍生企业的发展提供更好的借鉴，为衍生企业创新水平的提升提供更好的参考建议。

第四，在研究方法上，本书采用了主流的实证研究方法，如面板回归分析，定量研究了衍生企业创新策略的影响因素及结果，但是也不能完全解释衍生企业创新生态战略的作用机制，也需要通过调查问卷的形式采用结构方程等模型进行更精确细致的研究。

7.4.2　未来研究展望

针对上述研究局限，今后可以考虑从以下几个方面对本书研究进行进一步完善：

第一，横向扩充研究样本。除了中国科学院总院及其研究院所的衍生企业外，还可以收集我国其他高校衍生企业、经营失败的衍生企业的相关资料数据，比较影响科研院所和高校的衍生企业创业绩效和发展的关键因素有何不同，探究衍生企业经营失败的原因和路径，使研究结论更具普适性，为衍生企业如何提升竞争力给出更系统可靠的建议。

第二，选取更加精准的研究变量。在今后的研究中可考虑通过调研、发放调查问卷等方式获取更深入、更精确的测度变量，如衍生企业所在高新区的相关上下游企业的数量和特征、衍生企业主营业务收入占比、新产品开发数量等指标，通过开发连续型变量，并且对部分案例企业开展长期跟踪研究，以期更细致地分析出创业生态系统的特征对衍生企业创业绩效的影响。

第三，在研究方法方面，可以采用倾向得分匹配、Logit 模型等定量方法进行对比研究，同时未来也可以进行定性案例分析，以近几年高校和研究院所创生的企业为案例研究对象，如寒武纪科技、大疆科技、科大讯飞等企业，进行纵向案例跟踪分析，并对衍生企业失败案例进行调研，更加深入地探究和分析数字化时代学术创业面临的挑战和机遇。

第四，分阶段进行动态研究。对于衍生企业来说，衍生是一个过程，经历了想法萌芽、企业创生、初期发展、商业化运营等阶段，衍生企业如何选择嵌入生态的时机，处在不同的发展阶段采取什么样的发展战略、需要哪些资源和能力，学术创业者的动机和行为发生了什么样的变化，这些都是动态性、系统性问题，未来可以进一步细化研究，缩小与国外研究的差距。

参考文献

［1］卞庆珍，任浩．大学与其衍生企业关系机理及关系强度研究［J］．科技进步与对策，2015，32（5）：68-72.

［2］卞庆珍，任浩，叶江峰．大学衍生性资源对衍生企业的创业导向和创业绩效的影响——基于中国卓越联盟大学衍生企业的样本调研［J］．科学学与科学技术管理，2018，39（11）：113-129.

［3］蔡莉，柳青．新创企业资源整合过程模型［J］．科学学与科学技术管理，2007（2）：95-102.

［4］蔡莉，彭秀青，Nambisan S，等．创业生态系统研究回顾与展望［J］．吉林大学社会科学学报，2016，56（1）：5-16.

［5］陈艾华，Donald P，Martin K．中国大学技术转移前沿理论动态：学术背景与理论焦点［J］．科学学与科学技术管理，2017，38（4）：16-23.

［6］陈红喜，于淳馨，姜春，等．基于 WOS 高校技术转移的可视化与理论前沿分析［J］．科技管理研究，2018，38（9）：91-98.

［7］陈劲，朱学彦．学术型创业家与企业绩效关系研究［J］．中国软科学，2006（4）：124-129.

［8］陈俊，娄成武．解读日本研究型大学衍生企业的发展［J］．科技管理研究，2008（7）：115-117.

［9］程德理．技术创业与专利制度作用实证研究［J］．科学学研究，2019，37（1）：95-103.

［10］丁雪辰，柳卸林．大数据时代企业创新管理变革的分析框架［J］．科研管理，2018，39（12）：1-9.

［11］杜传忠，刘志鹏．学术型创业企业的创新机制与政策激励效应——

基于人工智能产业 A 股上市公司数据的数值模拟分析［J］.经济与管理研究，2019，40（6）：119-130.

［12］杜建华，田晓明，蒋勤峰.基于动态能力的企业社会资本与创业绩效关系研究［J］.中国软科学，2009（2）：115-126.

［13］杜霞.清华大学衍生公司的研究［D］.北京：清华大学，2004.

［14］杜勇，鄢波，陈建英.研发投入对高新技术企业经营绩效的影响研究［J］.科技进步与对策，2014，31（2）：87-92.

［15］段存广，张俊生.基于大学功能演进的大学衍生企业研究［J］.科学学研究，2007，25（2）：320-325.

［16］范德清，施祖麟，白洪烈，等.我国大学科技产业的发展与制度创新［J］.清华大学学报（哲学社会科学版），2000（6）：22-26.

［17］付八军.创业型大学培育教师创业观念的宣传策略［J］.中国高等教育，2017（z1）：74-76.

［18］付八军，宣勇.创业型大学建设的中国道路［J］.高等教育研究，2019，40（3）：40-45.

［19］郭峰，邹波，李艳霞，等.基于社会身份认同的学术创业者身份悖论整合研究［J］.研究与发展管理，2019，31（2）：34-43.

［20］何郁冰，周子琰.慕尼黑工业大学创业教育生态系统建设及启示［J］.科学学与科学技术管理，2015，36（10）：41-49.

［21］胡京波，欧阳桃花，曾德麟，等.创新生态系统的核心企业创新悖论管理案例研究：双元能力视角［J］.管理评论，2018，30（8）：291-305.

［22］胡望斌，张玉利，杨俊.同质性还是异质性：创业导向对技术创业团队与新企业绩效关系的调节作用研究［J］.管理世界，2014（6）：92-109+187-188.

［23］贾一伟.我国高校控股上市公司治理及绩效分析［J］.研究与发展管理，2012，24（5）：117-122.

［24］李德辉，范黎波，吴双.企业市场地位、信息优势与创业导向：基于法制环境调节效应的考察［J］.管理评论，2019，31（4）：58-69.

［25］李华晶.学者、学术组织与环境：学术创业研究评析［J］.科学学与科学技术管理，2009，30（2）：51-54+116.

［26］李华晶，邢晓东．学术创业：国外研究现状与分析［J］.中国科技论坛，2008（12）：124-128.

［27］李利，陈进．创业团队异质性对科技型企业创新绩效的影响［J］.技术与创新管理，2020，41（1）：69-74+82.

［28］李文博．集群情景下大学衍生企业创业行为的关键影响因素——基于扎根理论的探索性研究［J］.科学学研究，2013，31（1）：92-103.

［29］李雯，解佳龙，詹婷婷．大学知识溢出驱动的衍生企业创建：模式选择与作用机制［J］.技术经济，2017，36（3）：89-97.

［30］李雯，夏清华．大学衍生企业的创业支持网络研究——构成要素及有效性［J］.科学学研究，2013，31（5）：742-750.

［31］李雯，夏清华．学术型企业家对大学衍生企业绩效的影响机理——基于全国"211工程"大学衍生企业的实证研究［J］.科学学研究，2012，30（2）：284-293.

［32］李晓华，高旭东，李纪珍．柔性框架：AI领域的学术创业企业如何跨越"死亡之谷"［J］.南开管理评论，2023，26（3）：4-14+15-16+27.

［33］李志刚，许晨鹤，刘振．商业模式传承型裂变创业内在机理研究［J］.南开管理评论，2017，20（5）：69-80.

［34］林嵩．创业资源的获取与整合——创业过程的一个解读视角［J］.经济问题探索，2007（6）：166-169.

［35］林嵩，刘小元．创业活动活跃程度的先决变量：创业情境的视角［J］.管理评论，2013，25（8）：64-76.

［36］刘二军．研究机构投资创办型技术衍生公司的发展与股权社会化的关系——基于中国科学院股权社会化政策的分析［J］.科学学研究，2009，27（12）：1784+1829-1835.

［37］刘二军．中国科学院创立技术衍生公司的模式研究［J］.科研管理，2010，31（3）：44-51.

［38］刘林青，夏清华，周潞．创业型大学的创业生态系统初探——以麻省理工学院为例［J］.高等教育研究，2009，30（3）：19-26.

［39］刘骐源，谢富纪．应用导向的企业基础研究对企业创新效率的影响——基于工业企业数据的实证研究［J］.科技管理研究，2019，39（8）：165-171.

［40］刘小元，林嵩，李汉军．创业导向、家族涉入与新创家族企业成长［J］．管理评论，2017，29（10）：42-57.

［41］刘叶．我国创业型大学研究的未来走向探析——基于 Citespace 可视化图谱与实践诉求的双重考察［J］．教育发展研究，2018，38（21）：25-31.

［42］刘元芳，彭绪梅，彭绪娟．基于创新三螺旋理论的我国创业型大学的构建［J］．科技进步与对策，2007（11）：106-108.

［43］柳卸林，丁雪辰，高雨辰．从创新生态系统看中国如何建成世界科技强国［J］．科学学与科学技术管理，2018，39（3）：3-15.

［44］柳卸林，高雨辰，丁雪辰．寻找创新驱动发展的新理论思维——基于新熊彼特增长理论的思考［J］．管理世界，2017（12）：8-19.

［45］柳卸林，马雪梅，高雨辰，等．企业创新生态战略与创新绩效关系的研究［J］．科学学与科学技术管理，2016，37（8）：102-115.

［46］柳卸林，孙海鹰，马雪梅．基于创新生态观的科技管理模式［J］．科学学与科学技术管理，2015，36（1）：18-27.

［47］柳卸林，王亮，葛爽．股权结构对学术衍生企业绩效的影响研究——基于制度逻辑理论的视角［J］．科学学与科学技术管理，2022，43（11）：107-123.

［48］聂常虹，武香婷．股权激励促进科技成果转化——基于中国科学院研究所案例分析［J］．管理评论，2017，29（4）：264-272.

［49］欧阳桃花，王钧，胡京波．基于互补性资产的软件企业云计算技术变革研究——以中标软件为案例［J］．管理评论，2018，30（6）：251-264.

［50］庞文，丁云龙．大学衍生企业创生及其成功的政策原则［J］．科研管理，2014，35（11）：171-177.

［51］庞文，丁云龙．论大学衍生企业的能力进化格局——基于东北大学和东软集团的精致案例分析［J］．研究与发展管理，2012，24（4）：103-112.

［52］彭伟．国外大学衍生企业研究述评与展望［J］．技术经济与管理研究，2009（5）：123-125.

［53］彭绪梅，许振亮，刘元芳．国际创业型大学研究现状的知识图谱分析［J］．科学学与科学技术管理，2007（12）：116-118+139.

［54］彭学兵，王乐，刘玥伶，等．效果推理决策逻辑下创业资源整合与新

创企业绩效的关系研究［J］.管理评论，2019，31（8）：123-131.

［55］邱姝敏，高雨辰，柳卸林，等.外部企业股东与学术衍生企业的技术市场化：基于制度逻辑视角［J］.管理世界，2023，39（12）：185-203.

［56］任浩，卞庆珍.大学衍生企业：概念属性、创生动因与运行机制［J］.南京社会科学，2018（6）：82-88.

［57］任荆学，吕萍，柳卸林.中科院技术衍生企业创立动机与成果转化关系研究［J］.科技进步与对策，2013，30（2）：88-92.

［58］任梅.耦合视角下大学学术创业与区域经济发展关系的实证研究［J］.高校教育管理，2019：1-12.

［59］荣健，刘西林.双元学习与先前经验及其交互效应对科技创业企业成长的影响［J］.技术经济，2016，35（12）：13-20.

［60］施冠群，刘林青，陈晓霞.创新创业教育与创业型大学的创业网络构建——以斯坦福大学为例［J］.外国教育研究，2009，36（6）：79-83.

［61］苏晓华，王招治.资源禀赋与高校衍生企业绩效关系研究——以我国高校上市公司为例［J］.科学学与科学技术管理，2010，31（6）：137-142.

［62］王婧，雷家骕."基于科学的企业"主导逻辑研究——以同方威视为例［J］.科研管理，2022，43（11）：1-10.

［63］王招治，苏晓华.高校衍生企业的企业家能力、资源基础与企业绩效［J］.科技进步与对策，2011，28（10）：147-151.

［64］温忠麟，张雷，侯杰泰，等.中介效应检验程序及其应用［J］.心理学报，2004（5）：614-620.

［65］夏清华，黄剑.衍生企业商业模式创新研究——基于嵌入与脱嵌的二元动态平衡视角［J］.经济与管理研究，2019，40（4）：109-124.

［66］夏清华，李雯.知识特性、大学资源禀赋与衍生企业的创生机会［J］.管理学报，2012，9（2）：238-243.

［67］夏清华，徐丹，李雯.中国大学衍生企业绩效的关键影响因素分析［J］.技术经济，2010，29（12）：28-31+84.

［68］肖建华，王若凡.薪酬、股权与晋升，哪种高管激励模式对科研组织衍生企业更有效？——来自我国上市公司的证据［J］.管理评论，2022，34（1）：79-91.

［69］肖振红，范君荻．科技人力资源投入对区域创新绩效的影响研究［J］．科学学研究，2019，37（11）：1944-1954.

［70］谢雅萍，宋超俐，郑陈国，等．风险投资对技术创业绩效的影响——考虑战略导向的中介作用［J］．技术经济，2018，37（5）：93-102.

［71］熊文明，沙勇．创业型科学家角色协同对学术衍生企业成长绩效的影响研究［J］．南京邮电大学学报（社会科学版），2023，25（5）：85-97.

［72］宣葵葵，王洪才．创业型大学的人才培养特色探索——基于英国沃里克大学的成功经验［J］．中国高教研究，2017（6）：77-81.

［73］闫泽斌，杨治，周南．企业技术能力对外部技术利用的影响［J］．管理评论，2017，29（7）：46-60.

［74］杨德林，汪青云，孟祥清．中国研究型大学衍生企业活动影响因素分析［J］．科学学研究，2007（3）：511-517.

［75］杨德林，邹毅．中国研究型大学科技企业衍生模式分析［J］．科学管理研究，2003（4）：45-50.

［76］杨朦晰，陈万思，周卿钰，等．中国情境下领导力研究知识图谱与演进：1949—2018 年题名文献计量［J］．南开管理评论，2019，22（4）：80-94.

［77］姚飞，孙涛，谢觉萍．学术创业的边界、绩效与争议——基于 1990—2014 年文献的扎根分析［J］．科技管理研究，2016，36（6）：98-102.

［78］易朝辉，管琳．学者创业角色、创业导向与大学衍生企业创业绩效［J］．科研管理，2018，39（11）：166-176.

［79］易朝辉，罗志辉．网络嵌入、技术能力与大学衍生企业绩效［J］．科研管理，2015，36（10）：94-103.

［80］易朝辉，夏清华．创业导向与大学衍生企业绩效关系研究——基于学术型创业者资源支持的视角［J］．科学学研究，2011，29（5）：735-744.

［81］易高峰．我国高校学术创业政策演化的过程、问题与对策——基于1985—2016 年高校学术创业政策文本分析［J］．教育发展研究，2017，37（5）：70-76.

［82］易高峰．知识管理战略对高校学术团队创业绩效的影响——兼论数字化知识管理平台建设［J］．中国科技论坛，2018（12）：173-181.

［83］易高峰，程骄杰，赵文华．我国大学衍生企业发展的影响因素分析

［J］.清华大学教育研究，2010，31（4）：65–69.

［84］原长弘，李阳，田元强，等.大学衍生企业公司治理对自主创新能力影响的实证分析——来自中国高校上市公司的证据［J］.科学学与科学技术管理，2013，34（12）：147–156.

［85］张晨宇，白朴贤.上市大学衍生企业的研发强度与创新绩效研究［J］.软科学，2019（9）：128–133.

［86］张承龙，夏清华.基于产业网络嵌入视角的大学衍生企业创业导向与绩效关系的实证分析［J］.商业经济与管理，2012（8）：25–34.

［87］张洪辉，夏天，王宗军.公司治理对我国企业创新效率影响实证研究［J］.研究与发展管理，2010，22（3）：44–50.

［88］张庆芝，李慧聪，雷家骕.科学家参与学术创业的程度及对成果商业化的影响［J］.技术经济与管理研究，2018（3）：55–58.

［89］张维迎.理性思考中国改革［J］.新金融，2013（8）：4–10.

［90］张小筠.基于增长视角的政府 R&D 投资选择——基础研究或是应用研究［J］.科学学研究，2019，37（9）：1598–1608.

［91］张玉利，曲阳，云乐鑫.基于中国情境的管理学研究与创业研究主题总结［J］.外国经济与管理，2014，36（1）：65–72+81.

［92］张云逸，曾刚.基于三螺旋模型的高校衍生企业形成机制研究——以上海高校衍生 企业为例［J］.科技管理研究，2009，29（8）：207–209+215.

［93］赵红，孙倬，张莎，等.基于文献计量分析的社交商务研究脉络与热点演化［J］.管理学报，2019，16（6）：923–931.

［94］周辰，董正英.探讨我国大学衍生企业形成机制中大学的核心作用［J］.上海管理科学，2009，31（4）：84–88.

［95］周一杰，王柏轩.大学衍生企业与母体的互动发展模型探析［J］.技术经济，2009，28（5）：8–11.

［96］Abreu M, Demirel P, Grinevich V, et al. Entrepreneurial practices in research–intensive and teaching–led universities［J］. Small Business Economics, 2016, 47（3）: 695–717.

［97］Abreu M, Grinevich V. Gender patterns in academic entrepreneurship［J］. The Journal of Technology Transfer, 2017, 42（4）: 763–794.

［98］Abreu M, Grinevich V. The nature of academic entrepreneurship in the UK: Widening the focus on entrepreneurial activities［J］. Research Policy, 2013, 42（2）: 408-422.

［99］Adner R, Kapoor R. Innovation ecosystems and the pace of substitution: Re-examining technology S-curves［J］. Strategic Management Journal, 2016, 37（4）: 625-648.

［100］Adner R, Kapoor R. Value creation in innovation ecosystems: How the structure of technological interdependence affects firm performance in new technology generations［J］. Strategic Management Journal, 2010, 31（3）: 306-333.

［101］Adner R. Ecosystem as structure: An actionable construct for strategy［J］. Journal of Management, 2017, 43（1）: 39-58.

［102］Adner R. Match your innovation strategy to your innovation ecosystem［J］. Harvard Business Review, 2006, 84（4）: 98-107.

［103］Agarwal R, Audretsch D B, Sarkar M B. The process of creative construction: Knowledge spillovers, entrepreneurship and economic growth［J］. Strategic Entrepreneurship Journal, 2007, 1: 263-286.

［104］Agarwal R, Echambadi R, Franco A M, et al. Knowledge transfer through inheritance: Spin-out generation, development, and survival［J］. Academy of Management Journal, 2004, 47（4）: 501-522.

［105］Ahuja G, Katila R. Technological acquisitions and the innovation performance of acquiring firms: A longitudinal study［J］. Strategic Management Journal, 2001, 22（3）: 197-220.

［106］Aiken L, West S, Reno R. Multiple regression: Testing and interpreting interactions［M］. London: SAGE Publications, 1991.

［107］Aldrich H E. Organizations and environments［M］. Manhattan: Stanford University Press, 1979.

［108］Aldridge T T, Audretsch D. The Bayh-Dole Act and scientist entrepreneurship ［J］. Research Policy, 2011, 40（8）: 1058-1067.

［109］Alessandrini M, Klose K, Pepper M S. University entrepreneurship in South Africa: Developments in technology transfer practices［J］. Innovation-Management

Policy and Practice, 2012, 15（2）: 205–214.

［110］Ambos T C, Mäkelä K, Birkinshaw J, et al. When does university research get commercialized? Creating ambidexterity in research institutions［J］. Journal of Management Studies, 2008, 45（8）: 1424–1447.

［111］Argote L. Organizational learning: Creating, retaining and transferring knowledge［M］. Berlin: Springer, 1999.

［112］Arrow K J. Economic welfare and the allocation of resources for invention［J］. NBER Chapters, 1962: 609–626.

［113］Artz K W, Norman P M, Hatfield D E, et al. A longitudinal study of the impact of R&D, patents, and product innovation on firm performance［J］. Journal of Product Innovation Management, 2010, 27（5）: 725–740.

［114］Arvanitis S, Kubli U, Woerter M. University–industry knowledge and technology transfer in Switzerland: What university scientists think about co–operation with private enterprises［J］. Research Policy, 2008, 37（10）: 1865–1883.

［115］Astebro T B, Braunerhjelm P, Broström A. Does academic entrepreneurship pay［J］. Industrial and Corporate Change, 2013, 22（1）: 281–311.

［116］Astley W G, Fombrun C J. Collective strategy: Social ecology of organizational environments［J］. Academy of Management Review, 1983, 8（4）: 576–587.

［117］Audretsch D B, Belitski M. Entrepreneurial ecosystems in cities: Establishing the framework conditions［J］. Journal of Technology Transfer, 2017, 42（5）: 1030–1051.

［118］Audretsch D B, Cunningham J A, Kuratko D F, et al. Entrepreneurial ecosystems: Economic, technological, and societal impacts［J］. Journal of Technology Transfer, 2019, 44（2）: 313–325.

［119］Audretsch D B, Kayalar–Erdem D. Determinants of scientist entrepreneurship: An integrative research agenda［M］// Handbook of Entrepreneurship Research. Boston: Springer US, 2005.

［120］Audretsch D B, Keilbach M C. Does entrepreneurship capital matter?［J］. Entrepreneurship Theory and Practice, 2004, 28（5）: 419–429.

［121］Audretsch D B. From the entrepreneurial university to the university for the entrepreneurial society [J] . The Journal of Technology Transfer, 2014, 39 (3) : 313–321.

[122] Autio E, Kenney M, Mustar P, et al. Entrepreneurial innovation: The importance of context [J] . Research Policy, 2014, 43 (7) : 1097–1108.

[123] Autio E, Thomas L D W. Innovation ecosystems: Implications for innovation management [M] // The Oxford handbook of innovation management. Oxford: Oxford University Press, 2014.

[124] Aw B Y, Batra G. Technological capability and firm efficiency in Taiwan (China) [J] . World Bank Economic Review, 1998, 12 (1) : 59–79.

[125] Azagra-Caro J M. Determinants of national patent ownership by public research organisations and universities [J] . Journal of Technology Transfer, 2014, 39 (6) : 898–914.

[126] Baba Y, Shichijo N, Sedita S R. How do collaborations with universities affect firms' innovative performance? The role of "Pasteur scientists" in the advanced materials field [J] . Research Policy, 2009, 38 (5) : 756–764.

[127] Bae T J, Qian S, Miao C, et al. The relationship between entrepreneurship education and entrepreneurial intentions: A meta-analytic review [J] . Entrepreneurship Theory and Practice, 2014, 38 (2) : 217–254.

[128] Baldini N. Do royalties really foster university patenting activity? An answer from Italy [J] . Technovation, 2010, 30 (2) : 109–116.

[129] Balven R, Fenters V, Siegel D, et al. Academic entrepreneurship: The roles of organizational justice, championing, education, work-life balance, identity, and motivation [J] . Academy of Management Perspectives, 2018, 32 (1) : 21–42.

[130] Barney J. Firm resources and sustained competitive advantage [J] . Journal of Management, 1991, 17 (1) : 99–120.

[131] Baroncelli A, Landoni M. Exploring differences in university support practices and the effects on spin-off companies in Boston [J] . International Journal of Entrepreneurship and Innovation Management, 2016, 21 (1) : 366–394.

[132] Belitski M, Aginskaja A, Marozau R. Commercializing university research in transition economies: Technology transfer offices or direct industrial funding? [J] .

Research Policy, 2019, 48 (3): 601–615.

[133] Benneworth P S, Pinheiro R, Karlsen J. Strategic agency and institutional change: Investigating the role of universities in regional innovation systems (RISs) [J]. Regional Studies, 2017, 51 (2): 235–248.

[134] Benneworth P, Charles D. University spin–off policies and economic development in less successful regions: Learning from two decades of policy practice [J]. European Planning Studies, 2005, 13 (4): 537–557.

[135] Bercovitz J, Feldman M. Academic entrepreneurs: Organizational change at the individual level [J]. Organization Science, 2008, 19 (1): 69–89.

[136] Bercovitz J, Feldman M. Entpreprenerial universities and technology transfer: A conceptual framework for understanding knowledge–based economic development [J]. The Journal of Technology Transfer, 2006, 31 (1): 175–188.

[137] Bergmann H, Hundt C, Sternberg R. What makes student entrepreneurs? On the relevance (and irrelevance) of the university and the regional context for student start–ups [J]. Small Business Economics, 2016, 47 (1): 53–76.

[138] Beyhan B, Findik D. Student and graduate entrepreneurship: Ambidextrous universities create more nascent entrepreneurs [J]. Journal of Technology Transfer, 2018, 43 (5): 1346–1374.

[139] Bienkowska D, Klofsten M, Rasmussen E. PhD students in the entrepreneurial university – perceived support for academic entrepreneurship [J]. European Journal of Education, 2016, 51 (1): 56–72.

[140] Bonardo D, Paleari S, Vismara S. Valuing university–based firms: The effects of academic affiliation on IPO performance [J]. Entrepreneurship Theory and Practice, 2011, 35 (4): 755–776.

[141] Bramwell A, Wolfe D A. Universities and regional economic development: The entrepreneurial University of Waterloo [J]. Research Policy, 2008, 37 (8): 1175–1187.

[142] Brescia F, Colombo G, Landoni P. Organizational structures of knowledge transfer offices: An analysis of the world's top–ranked universities [J]. Journal of Technology Transfer, 2016, 41 (1): 132–151.

［143］Bresnahan T. 'Old economy' inputs for 'new economy' outcomes: Cluster formation in the New Silicon Valleys［J］. Industrial and Corporate Change, 2001, 10（4）: 835-860.

［144］Brush C G, Greene P G, Hart M M. From initial idea to unique advantage: The entrepreneurial challenge of constructing a resource base［J］. Academy of Management Perspectives, 2001, 15（1）: 64-78.

［145］Calzonetti F J, Miller D M, Reid N. Building both technology-intensive and technologylimited clusters by emerging research universities: The Toledo example［J］. Applied Geography, 2012, 34: 265-273.

［146］Cao Z, Shi X. A systematic literature review of entrepreneurial ecosystems in advanced and emerging economies［J］. Small Business Economics, 2020, 57（2）: 75-110.

［147］Carayannis E G, Rogers E M, Kurihara K, et al. High-technology spin-offs from government R&D laboratories and research universities［J］. Technovation, 1998, 18（1）: 1-11.

［148］Cardinal L B, Hatfield D E. Internal knowledge generation: The research laboratory and innovative productivity in the pharmaceutical industry［J］. Journal of Engineering and Technology Management, 2000, 17（3）: 247-271.

［149］Chang Y-C, Yang P Y, Martin B R, et al. Entrepreneurial universities and research ambidexterity: A multilevel analysis［J］. Technovation, 2016, 54: 7-21.

［150］Chen C. CiteSpace II: Detecting and visualizing emerging trends and transient patterns in scientific literature［J］. Journal of the American Society for Information Science and Technology, 2006, 57（3）: 359-377.

［151］Chen Y, Wu C. The hot spot transformation in the research evolution of maker［J］. Scientometrics, 2017, 113（3）: 1307-1324.

［152］Choi H, Anadón L D. The role of the complementary sector and its relationship with network formation and government policies in emerging sectors: The case of solar photovoltaics between 2001 and 2009［J］. Technological Forecasting and Social Change, 2014, 82: 80-94.

［153］Choi S B, Lee S H, Williams C. Ownership and firm innovation in a transition economy: Evidence from China[J]. Research Policy, 2011, 40(3): 441–452.

[154] Choudary S P, Alstyne M W V, Parker G G. Platform revolution: How networked markets are transforming the economy–And how to make them work for you [M]. New York: W. W. Norton & Company, 2016.

[155] Clarysse B, Andries P, Boone S, et al. Institutional logics and founders' identity orientation: Why academic entrepreneurs aspire lower venture growth[J]. Research Policy, 2023, 52(3): 104713.

[156] Clarysse B, Tartari V, Salter A. The impact of entrepreneurial capacity, experience and organizational support on academic entrepreneurship[J]. Research Policy, 2011, 40(8): 1084–1093.

[157] Clarysse B, Wright M, Bruneel J, et al. Creating value in ecosystems: Crossing the chasm between knowledge and business ecosystems[J]. Research Policy, 2014, 43(7): 1164–1176.

[158] Clarysse B, Wright M, Lockett A, et al. Academic spin–offs, formal technology transfer and capital raising[J]. Industrial and Corporate Change, 2007, 16 (4): 609–640.

[159] Clarysse B, Wright M, Lockett A, et al. Spinning out new ventures: A typology of incubation strategies from European research institutions[J]. Journal of Business Venturing, 2005, 20(2): 183–216.

[160] Cockburn I M, Henderson R M. Absorptive capacity, coauthoring behavior, and the organization of research in drug discovery[J]. Journal of Industrial Economics, 2003, 46(2): 157–182.

[161] Cohen W M, Levinthal D A. Absorptive capacity: A new perspective on learning and innovation[J]. Administrative Science Quarterly, 1990, 35(1): 128.

[162] Colyvas J A, Snellman K, Bercovitz J, et al. Disentangling effort and performance: A renewed look at gender differences in commercializing medical school research[J]. Journal of Technology Transfer, 2012, 37(4): 478–489.

[163] Coombs J E, Bierly P E. Measuring technological capability and performance [J]. R&D Management, 2006, 36(4): 421–438.

[164] Criaco G, Minola T, Migliorini P, et al. "To have and have not": Founders'

human capital and university start-up survival [J] . Journal of Technology Transfer, 2014, 39 (4): 567–593.

[165] D'Este P, Mahdi S, Neely A, et al. Inventors and entrepreneurs in academia: What types of skills and experience matter? [J] . Technovation, 2012, 32 (5): 293–303.

[166] Debackere K, Veugelers R. The role of academic technology transfer organizations in improving industry science links [J] . Research Policy, 2005, 34 (3): 321–342.

[167] Dierickx I, Cool K. Asset stock accumulation and sustainability of competitive advantage [J] . Management Science, 1989, 35 (12): 1504–1511.

[168] Díez-Vial I, Montoro-Sánchez Á. How knowledge links with universities may foster innovation: The case of a science park [J] . Technovation, 2016, 50–51: 41–52.

[169] Djokovic D, Souitaris V. Spinouts from academic institutions: A literature review with suggestions for further research [J] . The Journal of Technology Transfer, 2008, 33 (3): 225–247.

[170] Ensley M D, Pearson A W, Amason A C. Understanding the dynamics of new venture top management teams: Cohesion, conflict, and new venture performance [J] . Journal of Business Venturing, 2002, 17 (4): 365–386.

[171] Ethiraj S K. Allocation of inventive effort in complex product systems [J] . Strategic Management Journal, 2007, 28 (6): 563–584.

[172] Etzkowitz H, Leydesdorff L. The dynamics of innovation: From national systems and "Mode" 2 to a triple helix of university–industry–government relations [J] . Research Policy, 2000, 29 (2): 109–123.

[173] Etzkowitz H, Webster A, Gebhardt C, et al. The future of the university and the university of the future: Evolution of ivory tower to entrepreneurial paradigm [J] . Research Policy, 2000, 29 (2): 313–330.

[174] Eun J-H, Lee K, Wu G. Explaining the "University-run enterprises" in China: A theoretical framework for university–industry relationship in developing countries and its application to China [J] . Research Policy, 2006, 35 (9): 1329–1346.

[175] Fini R, Fu K, Mathisen M T, et al. Institutional determinants of university

spin-off quantity and quality: A longitudinal, multilevel, cross-country study [J]. Small Business Economics, 2017, 48 (2): 361-391.

[176] Fini R, Grimaldi R, Sobrero M. Factors fostering academics to start up new ventures: An assessment of Italian founders'incentives [J]. Journal of Technology Transfer, 2009, 34 (4): 380-402.

[177] Fini R, Rasmussen E, Siegel D, et al. Rethinking the commercialization of public science: From entrepreneurial outcomes to societal impacts [J]. Academy of Management Perspectives, 2018, 32 (1): 4-20.

[178] Fini R, Toschi L. Academic logic and corporate entrepreneurial intentions: A study of the interaction between cognitive and institutional factors in new firms [J]. International Small Business Journal, 2016, 34 (5): 637-659.

[179] Fischer B B, de Moraes G H S M, Schaeffer P R. Universities' institutional settings and academic entrepreneurship: Notes from a developing country [J]. Technological Forecasting and Social Change, 2019, 147: 243-252.

[180] Fisher G, Kotha S, Lahiri A. Changing with the times: An integrated view of identity, legitimacy, and new venture life cycles [J]. Academy of Management Review, 2016, 41 (3): 383-409.

[181] Franklin S J, Wright M, Lockett A. Academic and surrogate entrepreneurs in university spin-out companies [J]. The Journal of Technology Transfer, 2001, 26 (1): 127-141.

[182] Friedman J, Silberman J. University technology transfer: Do incentives, management, and location matter? [J]. Journal of Technology Transfer, 2003, 28 (1): 17-30.

[183] Galán-Muros V, van der Sijde P, Groenewegen P, et al. Nurture over nature: How do European universities support their collaboration with business? [J]. The Journal of Technology Transfer, 2017, 42 (1): 184-205.

[184] Gao Y, Liu X, Ma X. How do firms meet the challenge of technological change by redesigning innovation ecosystem? A case study of IBM [J]. International Journal of Technology Management, 2019, 80 (3): 241-265.

[185] Gawer A, Cusumano M A. Industry platforms and ecosystem innovation:

Platforms and innovation [J] . Journal of Product Innovation Management, 2014, 31 (3): 417–433.

[186] Geuna A, Rossi F. Changes to university IPR regulations in Europe and the impact on academic patenting [J] . Research Policy, 2011, 40 (8): 1068–1076.

[187] Glaeser E L, Kerr W R. Local industrial conditions and entrepreneurship: How much of the spatial distribution can we explain? [J] . Journal of Economics, 2009, 18 (3): 623–663.

[188] Goel R K, Göktepe-Hultén D, Ram R. Academics' entrepreneurship propensities and gender differences [J] . Journal of Technology Transfer, 2015, 40 (1): 161–177.

[189] Goldfarb B D, Henrekson M. Bottom-up versus top-down policies towards the commercialization of university intellectual property [J] . Research Policy, 2003, 32 (4): 639–658.

[190] Goldfarb B D. Diffusion of general-purpose technologies: Understanding patterns in the electrification of US Manufacturing 1880–1930 [J] . Industrial and Corporate Change, 2005, 14 (5): 745–773.

[191] Gomes-Casseres B. Group versus group: How alliance networks compete [J] . Harvard Business Review, 1994, 72 (4): 62–66.

[192] González-Pernía J L, Kuechle G, Peña-Legazkue I. An assessment of the determinants of university technology transfer [J] . Economic Development Quarterly, 2013, 27 (1): 6–17.

[193] Grant R M. Toward a knowledge-based theory of the firm [J] . Strategic Management Journal, 1996, 17: 109–122.

[194] Gras J M G, Lapera D R G, Solves I M, et al. An empirical approach to the organisational determinants of spin-off creation in European universities [J] . International Entrepreneurship and Management Journal, 2008, 4 (2): 187–198.

[195] Gregorio D D, Shane S. Why do some universities generate more start-ups than others? [J] . Research Policy, 2003: 209–227.

[196] Griffiths M D, Kickul J, Carsrud A L. Government bureaucracy, transactional impediments, and entrepreneurial intentions [J] . International Small Business Journal,

2009, 27 (5): 626–645.

［197］Grimaldi R, Kenney M, Siegel D S, et al. 30 years after Bayh–Dole: Reassessing academic entrepreneurship［J］. Research Policy, 2011, 40 (8): 1045–1057.

［198］Guan J C, Yam R C M. Effects of government financial incentives on firms'innovation performance in China: Evidences from Beijing in the 1990s［J］. Research Policy, 2015, 44 (1): 273–282.

［199］Guan J, Pang L. Bidirectional relationship between network position and knowledge creation in Scientometrics［J］. Scientometrics, 2018, 115 (1): 201–222.

［200］Guerrero M, Urbano D, Fayolle A. Entrepreneurial activity and regional competitiveness: Evidence from European entrepreneurial universities［J］. Journal of Technology Transfer, 2016, 41 (1): 105–131.

［201］Guerrero M, Urbano D. The development of an entrepreneurial university ［J］. The Journal of Technology Transfer, 2012, 37 (1): 43–74.

［202］Gümüsay A A, Bohné T M. Individual and organizational inhibitors to the development of entrepreneurial competencies in universities［J］. Research Policy, 2018, 47 (2): 363–378.

［203］Guo F, Zou B, Guo J, et al. What determines academic entrepreneurship success? A social identity perspective［J］. International Entrepreneurship and Management Journal, 2019, 15 (3): 929–952.

［204］Haeussler C, Colyvas J A. Breaking the ivory tower: Academic entrepreneurship in the life sciences in UK and Germany［J］. Research Policy, 2011, 40 (1): 41–54.

［205］Hall B H, Lerner J. The financing of R&D and innovation［R］. National Bureau of Economic Research, 2009.

［206］Hambrick D C, Mason P A. Upper echelons: The organization as a reflection of its top managers［J］. Academy of Management Review, 1984, 9 (2): 193–206.

［207］Han X, Niosi J. Star scientists in PV technology and the limits of academic entrepreneurship［J］. Journal of Business Research, 2016, 69 (5): 1707–1711.

［208］Harrison R T, Leitch C. Voodoo institution or entrepreneurial university? Spin–off companies, the entrepreneurial system and regional development in the UK［J］.

Regional Studies, 2010, 44（9）: 1241-1262.

［209］Hayter C S, Nelson A J, Zayed S, et al. Conceptualizing academic entrepreneurship ecosystems: A review, analysis and extension of the literature［J］. The Journal of Technology Transfer, 2018, 43（4）: 1039-1082.

［210］Hayter C S. Constraining entrepreneurial development: A knowledge-based view of social networks among academic entrepreneurs［J］. Research Policy, 2016, 45（2）: 475-490.

［211］Hayter C S. In search of the profit-maximizing actor: Motivations and definitions of success from nascent academic entrepreneurs［J］. Journal of Technology Transfer, 2011, 36（3）: 340-352.

［212］Heaton S, Siegel D S, Teece D J. Universities and innovation ecosystems: A dynamic capabilities perspective［J］. Industrial and Corporate Change, 2019, 28（4）: 921-939.

［213］Heher A D. Return on investment in innovation: Implications for institutions and national agencies［J］. Journal of Technology Transfer, 2006, 31（4）: 403-414.

［214］Heirman A, Clarysse B. How and why do research-based start-ups differ at founding? A resource-based configurational perspective［J］. The Journal of Technology Transfer, 2004, 29（3）: 247-268.

［215］Helm R, Mauroner O. Success of research-based spin-offs. State-of-the-art and guidelines for further research［J］. Review of Managerial Science, 2007, 1（3）: 237-270.

［216］Hitt M A, Ireland R D, Sirmon D G, et al. Strategic entrepreneurship: Creating value for individuals, organizations, and society［J］. Academy of Management Perspectives, 2011, 25（2）: 57-75.

［217］Hsu D H, Ziedonis R H. Resources as dual sources of advantage: Implications for valuing entrepreneurial-firm patents［J］. Strategic Management Journal, 2013, 34（7）: 761-781.

［218］Huyghe A, Knockaert M, Wright M, et al. Technology transfer offices as boundary spanners in the pre-spin-off process: The case of a hybrid model［J］. Small Business Economics, 2014, 43（2）: 289-307.

［219］Huyghe A, Knockaert M. The influence of organizational culture and climate on entrepreneurial intentions among research scientists［J］. Journal of Technology Transfer, 2015, 40（1）: 138-160.

［220］Iansiti M, Levien R. Strategy as ecology［J］. Harvard Business Review, 2003, 3: 1-11.

［221］Islam M, Fremeth A, Marcus A. Signaling by early stage startups: US government research grants and venture capital funding［J］. Journal of Business Venturing, 2018, 33（1）: 35-51.

［222］Ismail K, Mason C, Omar W Z W, et al. University spin-off formations: How decision making process has been made?［J］. International Journal of Business and Social Science, 2010,1（2）:103-123.

［223］Jacob M, Lundqvist M, Hellsmark H. Entrepreneurial transformations in the Swedish University system: The case of Chalmers University of Technology［J］. Research Policy, 2003, 32（9）: 1555-1568.

［224］Jacobides M G, Cennamo C, Gawer A. Towards a theory of ecosystems［J］. Strategic Management Journal, 2018, 39（8）: 2255-2276.

［225］Jain S, George G, Maltarich M. Academics or entrepreneurs? Investigating role identity modification of university scientists involved in commercialization activity ［J］. Research Policy, 2009, 38（6）: 922-935.

［226］Johnson W H. Managing university technology development using organizational control theory［J］. Research Policy, 2011, 40（6）: 842-852.

［227］Jourdan J, Kivleniece I. Too much of a good thing? The dual effect of public sponsorship on organizational performance［J］. Academy of Management Journal, 2017, 60（1）: 55-77.

［228］Karlsson T, Wigren C. Start-ups among university employees: The influence of legitimacy, human capital and social capital［J］. Journal of Technology Transfer, 2012, 37（3）: 297-312.

［229］Katz J S, Martin B R. What is research collaboration［J］. Research Policy, 1997, 26（1）: 1-18.

［230］Kenney M, Burg U V. Technology, entrepreneurship and path dependence:

Industrial clustering in Silicon Valley and Route 128 [J]. Industrial and Corporate Change, 1999, 8 (1): 67–103.

[231] Knockaert M, Spithoven A, Clarysse B. The knowledge paradox explored: What is impeding the creation of ICT spin–offs? [J]. Technology Analysis and Strategic Management, 2010, 22 (4): 479–493.

[232] Knudsen M P. The relative importance of interfirm relationships and knowledge transfer for new product development success [J]. Journal of Product Innovation Management, 2007, 24 (2): 117–138.

[233] Kroll H, Liefner I. Spin–off enterprises as a means of technology commercialisation in a transforming economy—Evidence from three universities in China [J]. Technovation, 2008, 28 (5): 298–313.

[234] Kuhn T. The structure of scientific revolution [M]. Chicago: University of Chicago Press, 1962.

[235] Lee C, Lee K, Pennings J M. Internal capabilities, external networks, and performance: A study on technologybased ventures [J]. Strategic Management Journal, 2001, 22: 615–640.

[236] Lee Y S. 'Technology transfer' and the research university: A search for the boundaries of university–industry collaboration [J]. Research Policy, 1996, 25 (6): 843–863.

[237] Leydesdorff L, Fritsch M. Measuring the knowledge base of regional innovation systems in Germany in terms of a Triple Helix Dynamics [J]. Research Policy, 2006, 35 (10): 1538–1553.

[238] Li E Y, Liao C H, Yen H R. Co–authorship networks and research impact: A social capital perspective [J]. Research Policy, 2013, 42 (9): 1515–1530.

[239] Li H, Yang X, Cai X. Academic spin–off activities and research performance: The mediating role of research collaboration [J]. Journal of Technology Transfer, 2022, 47 (4): 1037–1069.

[240] Li H, Zhang Y. The role of managers' political networking and functional experience in new venture performance: Evidence from China's transition economy [J]. Strategic Management Journal, 2007, 28 (8): 791–804.

［241］Lin B-W, Lee Y, Hung S-C. R&D intensity and commercialization orientation effects on financial performance［J］. Journal of Business Research, 2006: 7.

［242］Link A N, Scott J T. Opening the ivory tower's door: An analysis of the determinants of the formation of U.S. university spin-off companies［J］. Research Policy, 2005, 34（7）: 1106-1112.

［243］Liu X, Li X, Li H. R&D subsidies and business R&D: Evidence from high-tech manufacturing firms in Jiangsu［J］. China Economic Review, 2016, 41: 1-22.

［244］Lockett A, Wright M, Franklin S. Technology transfer and universities spin-out strategies［J］. Small Business Economics, 2003, 20（2）: 185-200.

［245］Lockett A, Wright M. Resources, capabilities, risk capital and the creation of university spin-out companies［J］. Research Policy, 2005, 34（7）: 1043-1057.

［246］Louis K S, Blumenthal D, Gluck M E, et al. Entrepreneurs in academe: An exploration of behaviors among life scientists［J］. Administrative Science Quarterly, 1989, 34（1）: 110-131.

［247］Lowe R A, Gonzalez-Brambila C. Faculty entrepreneurs and research productivity［J］. Journal of Technology Transfer, 2007, 32（3）: 173-194.

［248］Macho-Stadler I, Pérez-Castrillo D. Incentives in university technology transfers［J］. International Journal of Industrial Organization, 2010, 28（4）: 362-367.

［249］March J G. Exploration and exploitation in organizational learning［J］. Organization Science, 1991, 2（1）: 71-87.

［250］Marzocchi C, Kitagawa F, Sánchez-Barrioluengo M. Evolving missions and university entrepreneurship: Academic spin-offs and graduate start-ups in the entrepreneurial society［J］. The Journal of Technology Transfer, 2019, 44（1）: 167-188.

［251］Matusik S F, Fitza M A. Diversification in the venture capital industry: Leveraging knowledge under uncertainty［J］. Strategic Management Journal, 2012, 33（4）: 407-426.

［252］Meng D, Li X, Rong K. Industry-to-university knowledge transfer in ecosystem-based academic entrepreneurship: Case study of automotive dynamics and control group in Tsinghua University［J］. Technological Forecasting and Social Change,

2019, 141: 249–262.

［253］Meseri O, Maital S. A survey analysis of university–technology transfer in Israel: Evaluation of projects and determinants of success［J］. Journal of Technology Transfer, 2001, 26（1）: 115–125.

［254］Meyer G D. The reinvention of academic entrepreneurship［J］. Journal of Small Business Management, 2011, 49（1）: 1–8.

［255］Moog P M, Werner A, Houweling S, et al. The impact of balanced skills, working time allocation and peer effects on the entrepreneurial intentions of scientists ［J］. Journal of Technology Transfer, 2015, 40（3）: 493–511.

［256］Moore J F. Predators and prey: A new ecology of competition［J］. Harvard Business Review, 1993, 71（3）: 75–83.

［257］Mosey S, Wright M. From human capital to social capital: A longitudinal study of technology–based academic entrepreneurs［J］. Entrepreneurship Theory and Practice, 2007, 31（6）: 909–935.

［258］Mowery D C, Nelson R R, Sampat B N, et al. The growth of patenting and licensing by U.S. universities: An assessment of the effects of the Bayh–Dole Act of 1980 ［J］. Research Policy, 2001, 30（1）: 99–119.

［259］Muscio A, Quaglione D, Ramaciotti L. The effects of university rules on spinoff creation: The case of academia in Italy［J］. Research Policy, 2016, 45（7）: 1386–1396.

［260］Nelson R R. The simple economics of basic scientific research［J］. Journal of Political Economy, 1959, 67（3）: 297–297.

［261］Nerkar A, Shane S. When do start–ups that exploit patented academic knowledge survive?［J］. International Journal of Industrial Organization, 2003, 21（9）: 1391–1410.

［262］Niosi J. Success factors in Canadian academic spin–offs［J］. The Journal of Technology Transfer, 2006, 31（4）: 451–457.

［263］O'Shea R P, Allen T J, Chevalier A, et al. Entrepreneurial orientation, technology transfer and spinoff performance of U.S. universities［J］. Research Policy, 2005, 34（7）: 994–1009.

[264] O'Shea R P, Allen T J, Morse K P, et al. Delineating the anatomy of an entrepreneurial university: The Massachusetts Institute of Technology experience [J]. R&D Management, 2007, 37(1): 1–16.

[265] O'Shea R P, Chugh H, Allen T J. Determinants and consequences of university spinoff activity: A conceptual framework [J]. The Journal of Technology Transfer, 2008, 33(6): 653–666.

[266] Oakey R. Technical entreprenenurship in high technology small firms: Some observations on the implications for management [J]. Technovation, 2003, 23(8): 679–688.

[267] Ortega M J R. Competitive strategies and firm performance: Technological capabilities' moderating roles [J]. Journal of Business Research, 2010, 63(12): 1273–1281.

[268] Pandit S, Wasley C E, Zach T. The effect of research and development (R&D) inputs and outputs on the relation between the uncertainty of future operating performance and R&D expenditures [J]. Journal of Accounting, Auditing and Finance, 2011, 26(1): 121–144.

[269] Park G, Park Y. On the measurement of patent stock as knowledge indicators [J]. Technological Forecasting and Social Change, 2006, 73(7): 793–812.

[270] Penner–Hahn J, Shaver J M. Does international research and development increase patent output? An analysis of Japanese pharmaceutical firms [J]. Strategic Management Journal, 2005, 26(2): 121–140.

[271] Perkmann M, Tartari V, McKelvey M, et al. Academic engagement and commercialisation: A review of the literature on university–industry relations [J]. Research Policy, 2013, 42(2): 423–442.

[272] Pirnay F, Surlemont B, Nlemvo F. Toward a typology of university spin–offs [J]. Small Business Economics, 2003, 21(4): 355–369.

[273] Porter M E. Competitive advantage: Creating and sustaining superior performance [M]. New York: Free Press, 1985.

[274] Pouris A. Science in South Africa: The dawn of a renaissance? [J]. South African Journal of Science, 2012, 108: 83–89.

［275］Powell W W, Koput K W, Smith-Doerr L. Interorganizational collaboration and the locus of innovation: Networks of learning in biotechnology［J］. Administrative Science Quarterly, 1996, 41（1）: 116-145.

［276］Powers J B, McDougall P P. University start-up formation and technology licensing with firms that go public: A resource-based view of academic entrepreneurship ［J］. Journal of Business Venturing, 2005a, 20（3）: 291-311.

［277］Powers J B, McDougall P P. Policy orientation effects on performance with licensing to start-ups and small companies［J］. Research Policy, 2005b, 34（7）: 1028-1042.

［278］Priem R L, Butler J E. Is the resource-based view a useful perspective for strategic management research?［J］. Academy of Management Review, 2001, 26（1）: 22-40.

［279］Prodan I, Drnovsek M. Conceptualizing academic-entrepreneurial intentions: An empirical test［J］. Technovation, 2010, 30（5）: 332-347.

［280］Rasmussen E, Borch O J. University capabilities in facilitating entrepreneurship: A longitudinal study of spin-off ventures at mid-range universities［J］. Research Policy, 2010, 39（5）: 602-612.

［281］Rasmussen E, Mosey S, Wright M. The evolution of entrepreneurial competencies: A longitudinal study of university spin-off venture emergence［J］. Journal of Management Studies, 2011, 48（6）: 1314-1345.

［282］Rasmussen E, Mosey S, Wright M. The influence of university departments on the evolution of entrepreneurial competencies in spin-off ventures［J］. Research Policy, 2014, 43（1）: 92-106.

［283］Renault C S. Academic capitalism and university incentives for faculty entrepreneurship［J］. Journal of Technology Transfer, 2006, 31（2）: 227-239.

［284］Repiso R, Ahedo J, Montero J. The presence of the encyclicals in Web of Science: A bibliometric approach［J］. Scientometrics, 2018, 115（1）: 487-500.

［285］Rippa P, Secundo G. Digital academic entrepreneurship: The potential of digital technologies on academic entrepreneurship［J］. Technological Forecasting and Social Change, 2019, 146: 900-911.

［286］Rizzo U. Why do scientists create academic spin-offs? The influence of the context［J］. Journal of Technology Transfer, 2015, 40（2）: 198-226.

［287］Roberts E B, Malonet D E. Policies and structures for spinning off new companies from research and development organizations［J］. R&D Management, 1996, 26（1）:17-48.

［288］Roberts E B. Entrepreneurs in high technology: Lessons from MIT and beyond［M］. New York: Oxford Univer Sity Press, 1991.

［289］Rosa P, Dawson A. Gender and the commercialization of university science: Academic founders of spinout companies［J］. Entrepreneurship and Regional Development, 2006, 18（4）: 341-366.

［290］Rothaermel F T, Agung S D, Jiang L. University entrepreneurship: A taxonomy of the literature［J］. Industrial and Corporate Change, 2007, 16（4）: 691-791.

［291］Rothaermel F T, Deeds D L. Alliance type, alliance experience and alliance management capability in high-technology ventures［J］. Journal of Business Venturing, 2006, 21（4）: 429-460.

［292］Rothaermel F T, Deeds D L. Exploration and exploitation alliances in biotechnology: A system of new product development［J］. Strategic Management Journal, 2004, 25（3）: 201-221.

［293］Samila S, Sorenson O. Community and capital in entrepreneurship and economic growth［J］. American Sociological Review, 2017, 82（4）: 770-795.

［294］Sauermann H, Stephan P. Conflicting logics? A multidimensional view of industrial and academic science［J］. Organization Science, 2013, 24（3）: 889-909.

［295］Saxenian A L. Regional advantage: Culture and competition in Silicon Valley and Route 128［J］. Contemporary Sociology, 1995, 24（3）: 484-485.

［296］Sears J, Hoetker G. Technological overlap, technological capabilities, and resource recombination in technological acquisitions［J］. Strategic Management Journal, 2014, 35（1）: 48-67.

［297］Secundo G, Dumay J, Schiuma G, et al. Managing intellectual capital through a collective intelligence approach: An integrated framework for universities［J］. Journal of Intellectual Capital, 2016, 17（2）: 298-319.

［298］Shah S K, Pahnke E C. Parting the ivory curtain: Understanding how universities support a diverse set of startups［J］. Journal of Technology Transfer, 2014, 39（5）: 780-792.

［299］Shane S. Academic entrepreneurship: University spinoffs and wealth creation ［M］. Northampton: Edward Elgar, 2004a.

［300］Shane S. Encouraging university entrepreneurship? The effect of the Bayh-Dole Act on university patenting in the United States［J］. Journal of Business Venturing, 2004b, 19（1）: 127-151.

［301］Shane S. Prior Knowledge and the discovery of entrepreneurial opportunities ［J］. Organization Science, 2000, 11（4）: 448-469.

［302］Shipilov A, Gawer A. Integrating research on inter-organizational networks and ecosystems［J］. The Academy of Management Annals, 2020, 14（1）: 92-121.

［303］Shleifer A, Vishny R W. A survey of corporate governance［J］. Journal of Finance, 1997, 52（2）: 737-783.

［304］Siegel D S, Waldman D, Link A. Assessing the impact of organizational practices on the relative productivity of university technology transfer offices: An exploratory study［J］. Research Policy, 2003, 32（1）: 27-48.

［305］Siegel D S, Wright M. Academic entrepreneurship: Time for a rethink?［J］. British Journal of Management, 2015, 26（4）: 582-595.

［306］Skute I. Opening the black box of academic entrepreneurship: A bibliometric analysis［J］. Scientometrics, 2019, 120（1）: 237-265.

［307］Smilor R W, Gibson D V, Dietrich G B. University spin-out companies: Technology start-ups from UT-Austin［J］. Journal of Business Venturing, 1990, 5（1）: 63-76.

［308］Son H, Chung Y, Hwang H. Do technology entrepreneurship and external relationships always promote technology transfer? Evidence from Korean public research organizations［J］. Technovation, 2019, 82-83: 1-15.

［309］Souitaris V, Zerbinati S, Al-Laham A. Do entrepreneurship programmes raise entrepreneurial intention of science and engineering students? The effect of learning, inspiration and resources [J] . Journal of Business Venturing, 2007, 22 (4): 566–591.

[310] Spigel B. The relational organization of entrepreneurial ecosystems [J] . Entrepreneurship Theory and Practice, 2017, 41 (1): 49–72.

[311] Steffensen M, Rogers E M, Speakman K. Spin–offs from research centers at a research university [J] . Journal of Business Venturing, 2000, 15 (1): 93–111.

[312] Stephan P E, El–Ganainy A A. The entrepreneurial puzzle: Explaining the gender gap [J] . Journal of Technology Transfer, 2007, 32 (5): 475–487.

[313] Stuart T E, Ding W W. When do scientists become entrepreneurs? The social structural antecedents of commercial activity in the academic life sciences. [J] . American Journal of Sociology, 2006, 112 (1): 97–144.

[314] Sun Q, Hou R. Knowledge forms and enterprise innovation performance: An evidence from the dimensions of stock and flow [J] . International Journal of Knowledge Management, 2017, 13 (3): 55–70.

[315] Swamidass P M. University startups as a commercialization alternative: Lessons from three contrasting case studies [J] . Journal of Technology Transfer, 2013, 38 (6): 788–808.

[316] Teece D J. Profiting from technological innovation: Implications for integration, collaboration, licensing and public policy [J] . Research Policy, 1986, 15 (6): 285–305.

[317] Teece D J. Reflections on "profiting from innovation" [J] . Research Policy, 2006, 35 (8): 1131–1146.

[318] Thursby J G, Thursby M C. Gender patterns of research and licensing activity of science and engineering faculty [J] . The Journal of Technology Transfer, 2005, 30 (4): 343–353.

[319] Trippl M, Sinozic T, Smith H L. The role of universities in regional development: Conceptual models and policy institutions in the UK, Sweden and Austria [J] . European Planning Studies, 2015, 23 (9): 1722–1740.

[320] Tsai K–H. The impact of technological capability on firm performance in Taiwan's electronics industry [J] . The Journal of High Technology Management Research, 2004, 15 (2): 183–195.

［321］Urban B, Chantson J. Academic entrepreneurship in South Africa: Testing for entrepreneurial intentions［J］. The Journal of Technology Transfer, 2019, 44（3）: 948–980.

［322］Urban B. Entrepreneurship education and entrepreneurial intentions: A prospect for higher education?［J］. Education as Change, 2006, 10（1）: 85–103.

［323］Van Looy B, Landoni P, Callaert J, et al. Entrepreneurial effectiveness of European universities: An empirical assessment of antecedents and trade–offs［J］. Research Policy, 2011, 40（4）: 553–564.

［324］Vanaelst I, Clarysse B, Wright M, et al. Entrepreneurial team development in academic spinouts: An examination of team heterogeneity［J］. Entrepreneurship Theory and Practice, 2006, 30（2）: 249–271.

［325］Vedula S, Kim P H. Gimme shelter or fade away: The impact of regional entrepreneurial ecosystem quality on venture survival［J］. Industrial and Corporate Change, 2019, 28（4）: 827–854.

［326］Venkataraman S. The distinctive domain of entrepreneurship research: An editor's perspective［M］//Advances in entrepreneurship, firm emergence, and growth. Greenwich: JAI Press, 1997.

［327］Visintin F, Pittino D. Founding team composition and early performance of university based spin–off companies［J］. Technovation, 2014, 34（1）: 31–43.

［328］Vohora A, Wright M, Lockett A. Critical junctures in the development of university high–tech spinout companies［J］. Research Policy, 2004, 33（1）: 147–175.

［329］Walter A, Auer M, Ritter T. The impact of network capabilities and entrepreneurial orientation on university spin–off performance［J］. Journal of Business Venturing, 2006, 21（4）: 541–567.

［330］Wennberg K, Wiklund J, Wright M. The effectiveness of university knowledge spillovers: Performance differences between university spinoffs and corporate spinoffs［J］. Research Policy, 2011, 40（8）: 1128–1143.

［331］Wernerfelt B. A resource–based view of the firm［J］. Strategic Management Journal, 1984, 5（2）: 171–180.

［332］Wood M S. A process model of academic entrepreneurship［J］. Business

Horizons, 2011, 54 (2): 153–161.

[333] Wright M, Clarysse B, Mustar P, et al. Academic entrepreneurship in Europe [M]. Northampton: Edward Elgar, 2007.

[334] Wright M, Lockett A, Clarysse B, et al. University spin–out companies and venture capital [J]. Research Policy, 2006, 35 (4): 481–501.

[335] Wright M, Phan P. The commercialization of science: From determinants to impact [J]. Academy of Management Perspectives, 2018, 32 (1): 1–3.

[336] Yoo Y, Boland R J, Lyytinen K, et al. Organizing for innovation in the digitized world [J]. Organization Science, 2012, 23 (5): 1398–1408.

[337] Zahra S A, Neubaum D O, Larrañeta B. Knowledge sharing and technological capabilities: The moderating role of family involvement [J]. Journal of Business Research, 2007, 60 (10): 1070–1079.

[338] Zawislak P A, Dalmarco G. The silent run: New issues and outcomes for university industry relations in Brazil [J]. Journal of technology management and innovation, 2011, 6 (2): 66–82.

[339] Zeng J, Liu Y, Wang R, et al. Absorptive capacity and regional innovation in China: An analysis of patent applications, 2000–2015 [J]. Applied Spatial Analysis and Policy, 2019, 12 (4): 1031–1049.

[340] Zhou K Z, Wu F. Technological capability, strategic flexibility, and product innovation [J]. Strategic Management Journal, 2010: 547–561.

[341] Zucker L G, Darby M R, Brewer M B. Intellectual human capital and the birth of U.S. Biotechnology Enterprises [J]. American Economic Review 1998, 88 (1): 290–306.

附录　中国国家高新区名单

序号	省份	高新区名称	批准时间	主导行业
1	北京	中关村科技园区	1988.05	电子信息、光机电一体化、新材料、新能源及高效节能、生物医药、医疗器械
2	天津	天津滨海高新区	1991.03	新能源、信息技术、节能环保
3	河北	石家庄高新区	1991.03	生物医药、电子信息、先进制造
4		保定高新区	1992.11	新能源、能源设备、光机电一体化
5		唐山高新区	2010.11	装备制造、汽车零部件、新材料
6		燕郊高新区	2010.11	电子材料、新材料、装备制造
7		承德高新区	2012.08	装备制造、食品材料、生物医药
8	山西	太原高新区	1992.11	光机电一体化、新材料、新能源
9		长治高新区	2015.02	煤化工、装备制造、生物医药
10	内蒙古	包头稀土高新区	1992.11	稀土材料及应用、铝铜镁及加工、装备制造
11		呼和浩特金山高新区	2013.12	乳制品、化工
12		鄂尔多斯高新区	2017.02	生物制药、节能环保、云计算
13	辽宁	沈阳高新区	1991.03	信息技术、智能制造、生物医药
14		大连高新区	1991.03	软件
15		鞍山高新区	1992.11	工业自动化、系统控制、激光
16		营口高新区	2010.09	装备制造、新材料、信息技术
17		辽阳高新区	2010.11	芳烃及精细化工、工业铝材
18		本溪高新区	2012.08	生物医药
19		锦州高新区	2015.02	汽车零部件、精细化工、食品
20		阜新高新区	2013.12	液压装备、农产品加工、电子信息

续表

序号	省份	高新区名称	批准时间	主导行业
21	吉林	长春高新区	1991.03	汽车、装备制造、生物医药
22		长春净月高新区	2012.08	高技术、文化
23		吉林高新区	1992.11	化工、汽车及零部件、电子
24		延吉高新区	2010.11	医药、食品
25		通化医药高新区	2013.12	医药
26	黑龙江	哈尔滨高新区	1991.03	装备制造、电子信息、新材料
27		大庆高新区	1992.11	石化、汽车、装备制造
28		齐齐哈尔高新区	2010.11	装备制造、食品
29	上海	上海张江高新区	1991.03	电子信息、生物医药、光机电一体化
30		上海紫竹高新区	2011.06	集成电路、软件、新能源、航空
31	江苏	南京高新区	1991.03	软件、电子信息、生物医药
32		苏州高新区	1992.11	电子信息、装备制造、新能源
33		昆山高新区	2010.09	电子信息、机器人、装备制造
34		无锡高新区	1992.11	电子设备、电气机械器材
35		江阴高新区	2011.06	新材料、微电子集成电路、医药
36		常州高新区	1992.11	装备制造、新材料、光伏
37		武进高新区	2012.08	电子设备、电气机械器材、通用设备
38		泰州医药高新区	2009.03	化工、电子信息、生物医药
39		徐州高新区	2012.08	通用设备、电子设备、汽车
40		苏州工业园	1994.02	电子信息、机械制造、生物医药、 人工智能、纳米技术
41		南通高新区	2013.12	通用设备、交通运输设备、纺织服装鞋帽
42		镇江高新区	2014.01	船舶及配套、通用设备、电器机械器材
43		盐城高新区	2015.02	智能终端、装备制造、新能源
44		连云港高新区	2015.02	装备制造、软件及信息服务
45		扬州高新区	2015.09	数控装备、生物技术、光电

续表

序号	省份	高新区名称	批准时间	主导行业
46	江苏	常熟高新区	2015.09	通用设备、计算机、电子设备
47		宿迁高新区	2017.02	新材料、装备制造、电子信息
48		淮安高新区	2017.02	电子信息、新能源汽车及零部件、装备制造
49	浙江	杭州高新区	1991.03	信息技术、生命健康、节能环保
50		萧山临江高新区	2015.02	装备制造、汽车、新能源、新材料
51		宁波高新区	2007.01	电子信息、新能源、节能环保、新材料
52		绍兴高新区	2010.11	新材料、电子信息、环保
53		温州高新区	2012.08	激光及光电、电商、软件
54		衢州高新区	2013.12	氟硅钴新材料
55		湖州莫干山高新区	2015.09	生物医药、装备制造、地理信息
56		嘉兴高新区	2015.09	智能制造、新能源、新材料
57	安徽	合肥高新区	1991.03	家电及配套、汽车、电子信息
58		蚌埠高新区	2010.11	汽车零部件、装备制造、电子信息
59		芜湖高新区	2010.09	装备制造、汽配、新材料、医药
60		马鞍山慈湖高新区	2012.08	新材料、节能环保、化工
61		铜陵狮子山高新区	2017.07	光电光伏、装备制造、铜材加工
62		淮南高新区	2018.02	先进装备制造、新能源、生物医药
63	福建	福州高新区	1991.03	电子信息、光机电一体化、新材料
64		厦门火炬高新区	1991.03	电子信息、半导体及集成电路、软件
65		泉州高新区	2010.11	电子信息、纺织鞋服、机械汽配
66		莆田高新区	2012.08	电子信息、机械
67		漳州高新区	2013.12	电子信息、装备制造、生物医药
68		三明高新区	2015.02	机械装备、林产加工、纺织轻工
69		龙岩高新区	2015.02	机械、专用车、环境科技
70	江西	南昌高新区	1992.11	生物医药、电子信息、新材料
71		新余高新区	2010.11	新能源、钢铁装备、新材料

序号	省份	高新区名称	批准时间	主导行业
72	江西	景德镇高新区	2010.11	航空、家电、化工
73		鹰潭高新区	2012.08	铜基新材料、绿色水工、智能终端
74		抚州高新区	2015.02	汽车及零部件、生物制药、电子信息
75		吉安高新区	2015.09	电子信息、精密机械、绿色食品
76		赣州高新区	2015.09	钨新材料、稀土、食品
77		九江共青城高新区	2018.02	生物医药、电子信息
78		宜春丰城高新区	2018.02	高端装备制造、生命健康、新材料
79	山东	济南高新区	1991.03	电子信息、生物医药、智能装备
80		威海火炬高新区	1991.03	医疗器械、医药、电子信息、新材料
81		青岛高新区	1992.11	软件信息、医药、智能制造
82		潍坊高新区	1992.11	动力装备、声学光学、生命健康
83		淄博高新区	1992.11	新材料、生物医药、装备制造
84		济宁高新区	2010.09	工程机械、生物制药、新材料
85		烟台高新区	2010.09	信息技术、汽车零部件、海洋生物及制药
86		临沂高新区	2011.06	电子信息、装备制造、新材料
87		泰安高新区	2012.08	输变电设备、矿山装备、汽车及零部件
88		枣庄高新区	2015.02	新信息、新能源、新医药
89		禹城高新区（德州）	2015.09	生物、机械、新材料
90		莱芜高新区	2015.09	汽车及零部件、电子信息、新材料
91		黄河三角洲农业高新技术产业示范区（东营）	2015.01	农业生物、食品、农业服务
92	河南	郑州高新区	1991.03	电子信息、装备制造
93		洛阳高新区	1992.11	装备制造、新材料、高技术服务
94		安阳高新区	2010.09	装备制造、电子信息、生物医药
95		南阳高新区	2010.09	装备制造、新材料、光电
96		新乡高新区	2012.08	电子电器、生物医药、装备制造

续表

序号	省份	高新区名称	批准时间	主导行业
97	河南	平顶山高新区	2015.02	机电装备、新材料
98		焦作高新区	2015.09	装备制造、新材料、电子信息
99	湖北	武汉东湖高新区	1991.03	光电子信息、生物、装备制造
100		襄阳高新区	1992.11	汽车、装备制造、新能源、新材料
101		宜昌高新区	2010.11	新材料、先进制造、纸制品、盐化工
102		孝感高新区	2012.08	光机电一体化、先进制造、纸制品、盐化工
103		荆门高新区	2013.12	再生资源利用、环保、装备制造、生物
104		仙桃高新区	2015.09	新材料、生物医药、电子信息
105		随州高新区	2015.09	汽车及零部件、农产品深加工、电子信息
106		黄冈高新区	2017.02	装备制造、食品饮料、生物医药
107		咸宁高新区	2017.02	食品饮料、先进制造、新材料
108		荆州高新区	2018.02	生物医药
109		黄石大冶湖	2018.02	生命健康、高端装备制造、新型材料、节能环保、光电子信息、现代服务业
110		潜江高新区	2018.02	光电子信息、装备制造
111	湖南	长沙高新区	1991.03	装备制造、电子信息、新材料
112		株洲高新区	1992.11	轨道交通装备、汽车、生物医药
113		湘潭高新区	2009.03	新能源装备、钢材加工、智能装备
114		益阳高新区	2011.06	电子信息、装备制造、新材料
115		衡阳高新区	2012.08	电子信息、电气机械器材、通用设备
116		郴州高新区	2015.02	有色金属精深加工、电子信息、装备制造
117		常德高新区	2017.02	设备制造、非金属矿制品
118		怀化高新区	2018.02	生物医药、农产品精深加工、装备制造
119	广东	广州高新区	1991.03	电子信息、生物医药、新材料
120		深圳市高新区	1991.03	电子信息、光机电一体化、生物医药
121		中山火炬高新区	1991.03	电子信息、生物医药、装备制造

续表

序号	省份	高新区名称	批准时间	主导行业
122	广东	佛山高新区	1992.11	装备制造、智能家电、汽车零部件
123		惠州高新区	1992.11	移动互联网、平板显示、新能源
124		珠海高新区	1992.11	电子信息、生物医药、光机电一体化
125		东莞松山湖高新区	2010.09	电子信息、生物技术、新能源
126		肇庆高新区	2010.09	新材料、电子信息、装备制造
127		江门高新区	2010.11	机电、电子、化工
128		源城高新区	2015.02	电子信息、机械、光伏
129		清远高新区	2015.09	机械装备、新材料、电子信息
130		汕头高新区	2017.02	印刷包装、化工塑料、食品
131		湛江高新区	2018.02	海洋高新技术、新材料、新能源、生物医药、电子信息
132		茂名高新区	2018.02	精细化工、新材料、新能源、医药健康、装备制造
133	广西	南宁高新区	1992.11	新能源、信息技术、节能环保
134		桂林高新区	1991.03	生物医药、电子信息、先进制造
135		柳州高新区	2010.09	新能源、能源设备、光机电一体化
136		北海高新区	2015.02	装备制造、汽车零部件、新材料
137	海南	海口高新区	1991.03	电子材料、新材料、装备制造
138	重庆	重庆高新区	1991.03	装备制造、食品材料、生物医药
139		璧山高新区	2015.09	光机电一体化、新材料、新能源
140		荣昌高新区	2018.02	煤化工、装备制造、生物医药
141		永川高新区	2018.02	稀土材料及应用、铝铜镁及加工、装备制造
142	四川	成都高新区	1991.03	乳制品、化工
143		绵阳高新区	1992.11	生物制药、节能环保、云计算
144		自贡高新区	2011.06	信息技术、智能制造、生物医药
145		内江高新区	2017.02	软件
146		乐山高新区	2012.08	工业自动化、系统控制、激光

续表

序号	省份	高新区名称	批准时间	主导行业
147	四川	泸州高新区	2015.02	装备制造、新材料、信息技术
148		攀枝花高新区	2015.09	芳烃及精细化工、工业铝材
149		广汉高新区（德阳）	2015.09	生物医药
150	贵州	贵阳高新区	1992.11	汽车零部件、精细化工、食品
151		安顺高新区	2017.02	液压装备、农产品加工、电子信息
152	云南	昆明高新区	1992.11	汽车、装备制造、生物医药
153		玉溪高新区	2012.08	高技术、文化
154		楚雄高新区	2018.02	化工、汽车及零部件、电子
155	陕西	西安高新区	1991.03	医药、食品
156		宝鸡高新区	1992.11	医药
157		杨凌高新区	1997.07	装备制造、电子信息、新材料
158		渭南高新区	2010.09	石化、汽车、装备制造
159		榆林高新区	2012.08	装备制造、食品
160		咸阳高新区	2012.08	电子信息、生物医药、光机电一体化
161		安康高新区	2015.09	集成电路、软件、新能源、航空
162	甘肃	兰州高新区	1991.03	软件、电子信息、生物医药
163		白银高新区	2010.09	电子信息、装备制造、新能源
164		青海高新区	2010.11	电子信息、机器人、装备制造
165	宁夏	银川高新区	2010.11	电子设备、电气机械器材
166		石嘴山高新区	2013.12	新材料、微电子集成电路、医药
167	新疆	乌鲁木齐高新区	1992.11	装备制造、新材料、光伏
168		昌吉高新区	2010.09	电子设备、电气机械器材、通用设备
169		新疆生产建设兵团石河子高新区	2013.12	化工、电子信息、生物医药

注：长春、上海各有 2 个国家高新区，苏州、无锡、常州、杭州各有 2 个国家高新区，苏州工业园享受国家高新区同等政策。

后 记

本书的内容源于我的博士研究，并进行了最新的理论文献回顾和数据更新，是对我博士以来研究工作的总结。

本书的主题萌生于博士期间与我的导师柳卸林教授的一次学术交流。柳老师在中国科学院工作期间，经常走访物理所等研究院所，对科研院所的技术商业化问题有多年的深入思考和交流。同时，我在中国科学院求学期间，亲身观察到许多科学家致力于实验室成果的转化，催生了一批具有代表性的衍生企业，如中科曙光、汉王科技及近年来崛起的寒武纪等。事实上，自 20 世纪末以来，中国科学院不仅培养了大批科技创新创业人才，还与直属研究院所共同创建并投资了众多高技术衍生企业，使其成为科技成果转化和产业化的重要载体。

然而，我们发现，尽管这些企业同为中国科学院衍生企业，它们的成长轨迹却大相径庭。那为何起点相似，部分企业能够取得卓越的市场表现，而另一些却面临困境甚至难以生存呢？此外，中国科学院各研究院所的科研属性各具特色——有些专注于基础研究，有些则兼顾基础研究与应用研究。特别是基础研究导向的团队，尽管掌握前沿技术，却往往面临技术生态薄弱的挑战，在国内缺乏完善的产业链支撑，如原材料供应商、关键零部件供应商及设备制造商等，这无疑增加了尖端技术产业化的难度。同时，科学家长期扎根科研院所，对市场需求的认知相对有限，使许多创业企业的发展举步维艰。

这些现象促使我从创新生态系统的视角重新审视学术衍生企业的发展路径，并提出关键研究问题：中国科学院总院及其研究院所的属性是否会影响其衍生企业的绩效？初创企业如何制定有效的战略以加速产业化进程？围绕这些核心问题，本书开展了三大主题研究：①学术衍生企业的关键利益相关者（如母体机构、股东）的属性如何影响其资源获取、决策过程及创业绩效？②在技术生态尚不完善的情况下，创业企业应选择嵌入已有的成熟生态，还是主动构建自身的生态系统？③不同战略选择的影响机制和有效性如何？基于这些问题，本书利用中国科学院学术衍生企业连续十年的面板数据，开展了一系列实证研究，验证了嵌入生态策略和营造生态策略在加速技术能力向企业绩效转化方面的有效性。学术衍生企业不仅是科技强国战略的重要载体，更是无数科研人员实现梦想的试验场。希望本书能够为高校与科研院所的创新创业实践提供有价值的指导，也为各利益相关者制定创新战略和科技政策提供参考。

本书的完成，首先要感谢我的博士生导师柳卸林教授。2016年夏天，怀揣着对创新管理的浓厚兴趣，我有幸进入柳老师门下，在中国科学院大学经济与管理学院求学七载。至今，柳老师依然言传身教向我诠释着一个深刻的学术理念：理论的生命力必须扎根于实践的土壤。从研究选题的确定、数据的收集，到理论框架的选择与阐释，柳老师始终以学者的严谨和长者的包容为我指引方向。尤其是他从创新生态系统的视角审视学术衍生企业产业化的洞见，直接催生了本书的核心研究框架。在此，衷心感谢柳老师为本书写序，给予了我极大的鼓励和肯定。师恩如山，铭记于心。

本书的成稿也得益于众多资深专家的宝贵建议以及与青年学者的深入交流。在此，诚挚感谢中国科学院大学吕萍、陈凯华、高鹏、官建成等教授，他们提出的建设性意见让本书的研究更加严谨和完善。同时，感谢王亮、高雨辰、葛爽、刘雨田等对本书内容的贡献，以及许多匿名评审专家的精辟见解，使本书的理论基础更加扎实、实证证据更加充分。

本书的研究工作获得了国家自然科学基金青年科学基金项目（项目编号：72404017）以及北京工商大学商学院发展基金项目（项目编号：20601643007）的资助，在此一并致谢！

本书的出版得到经济管理出版社的支持，编校人员的专业与严谨确保了本书的编校质量，使其得以更好地呈现给读者。

最后将最深挚的谢意献给我的家人，学术道路漫长且充满挑战，每一次的坚持和突破，都离不开他们的鼓励与支持。他们的关爱和理解，是我不断前行的动力。

回望博士和博士后生涯，研究之路并非一帆风顺，许多想验证的想法难以量化，许多深夜沉思的时刻让理论构建的每一步都显得弥足珍贵。若本书能为中国学术衍生企业的成长提供一丝启发，为青年学者探索相关理论增添一份信心，便是对这段学术旅程最好的回馈。当然，受限于个人学识和思想深度，书稿难免存在不足之处，敬请广大读者批评指正。

　　路漫漫其修远兮，愿以此书为新的起点，秉持"顶天立地"的学术精神，在创新管理领域继续探索，持续深耕。

丁雪辰

2025 年 3 月 10 日

于北京工商大学